U0611905

美水之乡

甘泉县

GAN QUAN XIAN

朝华出版社

图书在版编目(CIP)数据

美水之乡——甘泉县/《全景延安》编委会. —北京：
朝华出版社，2008.1
(全景延安)
ISBN 978-7-5054-1719-9

Ⅰ.美… Ⅱ.全… Ⅲ.①文化史—甘泉县②风俗习惯—甘泉县
Ⅳ.K294.14　K892.441.4
中国版本图书馆CIP数据核字（2007）第200123号

美水之乡—甘泉县

编　　者	《全景延安》编委会	
出 版 人	郭林祥	
选题策划	王景伟	
责任编辑	王　磊	
特约编辑	魏　龙　王拥军	
责任印制	张文东	
出版发行	朝华出版社	
地　　址	北京市车公庄西路35号　　邮政编码　100044	
电　　话	（010）68433188（总编室）　（010）68413840 68433213（发行部）	
传　　真	（010）88415258（发行部）	
网　　址	www.mgpublishers.com	
印　　刷	北京佳信达艺术印刷有限公司	
开　　本	720mm×1000mm　1/16	
字　　数	150千字	
插　　图	486幅	
印　　张	17.5	
版　　次	2008年6月第1版　2008年6月第1次印刷	
书　　号	ISBN 978-7-5054-1719-9	
定　　价	60.00元	

版权所有　翻印必究·印装有误 负责调换

甘 泉 县 行 政 区 划 图

县城全景

山间清泉淙淙

"县内多胜迹，美水尤最焉。"甘泉因城西南5公里处的神林山麓有泉水而得名。

美水之乡甘泉，有着长征中红军留下的印记，革命旧址、伟人旧居、革命遗址和遗物，见证着红色革命的历史。

千年银杏

银杏树守望千年

建于唐代大历年间（766~780年）的白鹿寺禅院，位于高峭乡的白鹿堰，院内有一株被称为中华活化石的银杏树，树围6.25米，高22米，至今生长旺盛。

甘泉莲花灯属于庆贺新春的秧歌类文艺形式,是艺术化的秧歌,源于隋唐的宫廷乐舞,有悠久的历史。

圣地延安（代序）

傅光明

延安在当代中国，对当代中国人，有着非比寻常的历史意义，这座位于陕北黄土高原中央地带，宝塔山、凤凰山、清凉山环绕四周，远在三千多年前的夏朝即有村镇的山城延安，在中国共产主义革命的历史进程中，成为了无数先辈心向往之的"革命圣地"。

从1937年至1947年的十年间，延安一直是中共中央的所在地，大凡重要的会议和决策都是在这里举行、决定的。今天，这里仍然完整保留着杨家岭、王家坪、枣园、凤凰山等多处革命胜迹，有毛泽东、朱德、周恩来等中国共产党领袖人物的故居旧址，这些既是历史的见证，同时也已成为文物的遗存。

说实在的，不去不知道，若从堪舆的角度来论天地阴阳，一瞥之下，延安就算得上是块风水宝地，河、塔、山、寺，样样俱全。若按民间说法，中国共产党以此为根据地最终建立新中国，还凭借了风吉水利。

位于延安城北、南隔延河与宝塔山相望的清凉山，景色秀美，题刻遍布，并以保存大量石窟而闻名。清凉山面西的一处崖壁，一块巨大石盖凌空飞出，石上自然风化侵蚀的沟状石层纹理，宛若浮云。每当夕阳西下，落日斜照，石上烟云顿然生辉。加上延河水的波光映衬云石，更是霞光异彩，绮丽纷呈，五色变幻，此处题为"宛若云霞"，果不虚言。不远的地方，有一口六角形的"月儿井"，月明星稀，沿井俯身下望，井底涌出一弯瘦月，与皓空皎月交相辉映，使人赞叹。

"诗湾"与"水照延安"两景亦奇妙有趣。"诗湾"是在一狭长湾状崖壁上题满了刻诗，也称"诗中画"。闲情在此，吟诵雅句，实在是一番好境界。"水照延安"更是有趣。一处石崖下有月牙状瘦长石槽，里面盈满水，将头贴近槽角，以眼侧视水中，延安全景尽收眼底，好像一晶莹秀美、玲珑雅致的山水盆景，令人叫绝。

因此，我想此套丛书叫《全景延安》，也正有这样的意味，即以图文形式为视角，全景展现延安地区的历史沿革、人文景观和风俗物事，以及改革开放以来社会、政治、经济、文化、生活各方面的巨大变迁。

事实上，完全可以把这套书作为踏访和游历延安地区的导览，它描绘出一幅幅活色生香的地图，细致到了体贴的程度，一册在手，按图索骥，寻寻觅觅，便可以悠然地领略延安各个地区的风采神韵，在心中把历史上作为"革命圣地"的昔日延安，同正在建设社会主义和谐社会进程中的21世纪的"新延安"，做一个跨越时空的对接，那将在记忆中构筑出另一番景象的全景延安。

丁亥年于中国现代文学馆

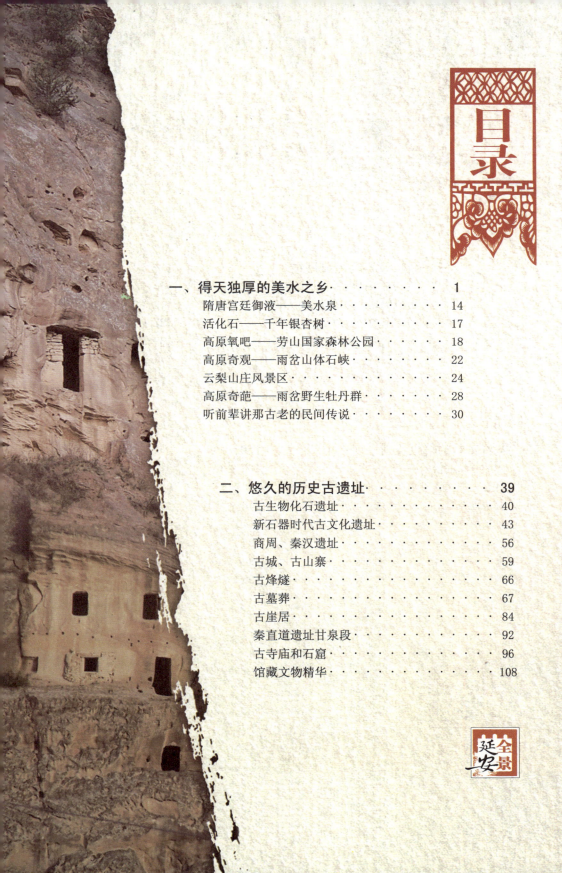

目录

延安全景

甘泉县城西南神林山麓，有泉水厥味甘美，饮之志清神爽，隋炀帝赐名"美水泉"。

得天独厚的

这是一片具有神奇色彩的土地，川沟纵横，川道宽阔，土地肥沃。千百年来，生活在这块土地上的人民，历经坎坷，辛勤劳作，携手共同创造了悠久的历史和灿烂的文化。上天对这片土地还特别厚爱，恩赐涌泉，经年不歇，素有美水之乡的美誉。美水泉之水厥味甘美，以之做肴馔可盛暑不变味，烹茗亦极清香。传隋炀帝游猎至此，饮之顿感志清神爽，即赐美名曰"美水泉"，遂为隋唐两代皇宫专用贡水。这片具有神奇色彩的土地正是地处延安市南大门的美水之乡——甘泉县。

甘泉县

2

走进这里，可尽情领略秀美的山川、奇特的景观，品味瑰丽的文化艺术、醇厚的风土人情。沿着先烈的足迹，重走革命的征程，感受甘泉今胜昔，城乡经济社会和谐发展，人民生活幸福比蜜甜。

走进美水之乡，走进一个美丽富饶的地方。

地 理 档 案

甘泉境内的大川有洛河川、劳山川。洛河川纵贯全县六个乡镇，长95公里。川道宽阔，土地平坦，土壤肥沃，灌溉方便，为甘泉县主要产粮区。劳山川纵贯劳山乡，长22公里，川道略窄，地势险要，是著名的劳山战役发生地。府村川长36公里，河水平缓清澈，河槽地所产水稻闻名遐迩。

今日甘泉

甘泉县

5

古道成往事 今人有坦途

秦直道

秦直道

201国道

甘泉县与富县交界处，一溪之隔，风俗殊异。

　　甘泉县历史悠久。夏、商、周称雍州西河，春秋、战国称雕阴邑，秦置雕阴县，北魏初设临真县，唐武德元年（618年）置伏陆县，天宝元年（742年）改为甘泉县，历经宋、元、明、清诸代至今。甘泉文化积淀深厚，境内历史文化遗产资源和自然

洛河——甘泉的母亲河

生态资源丰富。以秦直道、美水泉、青州城、马超洞、金代瘗窟、古崖居群为代表的历史遗迹，以中央与陕北红军会师地、毛泽东旧居、周恩来遇险处、红十五军团司令部旧址、劳山战役遗址为代表的革命旧址，以劳山国家级森林公园、云梨山庄、千年银杏树、野生牡丹群为代表的自然生态资源和以香林寺、白鹿寺、石宫寺、云山寺为代表的人文宗教遗存构成了甘泉丰富多样、独具特色的旅游资源。

地理档案

甘泉县属黄龙山子午岭腹地，东与延安市宝塔区为邻，西与志丹县接壤，北与安塞划界，南与富县毗连。县城距革命圣地延安37公里，距省城西安328公里。洛河自西北临界志丹石猴子入境，曲折蜿蜒，纵贯全县，于东南兰家川出境入富县界。县内群山连绵，层峦叠嶂，碧水长流。

丰富的水资源

　　甘泉县土地广阔，资源比较丰富。森林覆盖率为54.8%，天然次生林总面积188万亩，草资源100万亩，建有国家级劳山森林公园。境内动植物资源种类繁多。矿产、天然气、石油、紫砂土、石灰石等储量较大。紫砂土品质优良，可与宜兴紫砂土媲美。水资源充足，境内有15条大小河流，其中流域面积在100

平方公里以上的有7条，年自产径流总量6129万立方米。最大河流洛河年过境流量4亿立方米，过境流长95公里。极负盛名的"美水泉"属优质天然矿泉水，日流量150立方米。这些丰富的自然资源大多有待于开发利用。

如今，八万甘泉儿女承前启后、继往开来，谱写出甘泉辉煌灿烂的新篇章。

绿色家园

地 理 档 案

　　全县辖3镇5乡1个街道办事处，117个村委会，265个村民小组，总人口8.02万人，其中农业人口5.67万。县域总面积2300.7平方公里，有耕地60.9万亩，其中川台地9.8万亩，农村人均土地11.8亩。

甘泉中心广场

地 理 档 案

　　甘泉地势西北高，东南低，一般海拔在1000-1500米，境内最高山峰墩梁海拔1625米。甘泉境内高山峻岭，河流纵横，地貌错综复杂，林草覆盖率大，形成甘泉特有的温带半湿润的内陆性气候。冬春干旱少雨，夏秋雨量充沛。年平均气温9.6℃，日照时数2359.9小时，年平均无霜期169天，年平均降雨量526.3毫米。

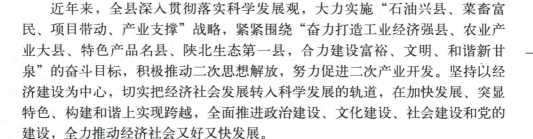

大棚产业，农民致富的法宝。

13

  近年来，全县深入贯彻落实科学发展观，大力实施"石油兴县、菜畜富民、项目带动、产业支撑"战略，紧紧围绕"奋力打造工业经济强县、农业产业大县、特色产品名县、陕北生态第一县，合力建设富裕、文明、和谐新甘泉"的奋斗目标，积极推动二次思想解放，努力促进二次产业开发。坚持以经济建设为中心，切实把经济社会发展转入科学发展的轨道，在加快发展、突显特色、构建和谐上实现跨越，全面推进政治建设、文化建设、社会建设和党的建设，全力推动经济社会又好又快发展。

隋唐宫廷御液——美水泉

美水泉又名甘泉，位于城关镇神林山南麓的美水沟内，距县城西南3.5公里。据史书记载，隋大业三年（607年），隋炀帝率兵五十万、马十万匹北巡塞北突厥牧场，巡视长城，途中到此游历，偶饮此水，厥味甘美，顿觉心旷神怡，遂赐名"美水泉"，后为隋唐皇宫享用。《新唐书·地理志》记载，唐玄宗天宝元年因美水泉故，改伏陆县为甘泉县。从此，甘泉县名沿用至今，千年未变。宋代《太平寰宇记》记载："县南谷崖上有泉水，飞流激射，甘甜味美。"清嘉庆本《延安府志》也有"甘泉美水，在县城西南七里太皇山西麓美水沟内。泉去地一丈，飞流激射，厥味甘美。隋炀帝游此饮之，取入禁内"的记载。清朝名士吴瑞赞美水泉诗曰："仆仆纷车马，甘泉饮美水。云根开石窍，玉液助吟鞭。不慕卢同癖，还思陆羽煎。风在双腋下，犹觉兴留连。"足见美水泉久负盛名。

窑洞式蓄水池

修复甘泉碑记

相传美水成为贡水后，长年累月送水至长安，供皇宫饮用，并且所贡之水上必须漂一枝美水泉边独有的刺榆树榆刺作为凭证，否则视为假冒美水。甘泉至长安路途遥遥，道路崎岖，百姓肩挑畜负，苦不堪言。后来，有一县令不忍百姓受苦，将其一方玉印投入泉眼，并上奏朝廷泉水干枯，贡水遂终。1974年甘泉县人民政府重修美水泉时，在旧泉眼旁发现一石砌小圆坑，坑内有一枚玉质印章，篆书"孟其瑞"三字，为美水泉的传说提供了佐证。

泉水如珠

美水泉现为一排7孔的窑洞式蓄水池，泉旁有明代"修复甘泉碑记"、民国"重修甘泉县甘泉碑记"和2007年县政府所立"美水泉碑记"石碑三通，以及十分罕见的刺榆树两株，榆刺似针。美水泉泉水清冽，甘甜可口，经科学检测，其为高钙矿泉水，富含对人体有益的多种微量元素。用泉水沏茶，味道极佳。特别是用美水酿造的"隋唐玉液"酒和制作的"美水豆腐"更是驰名西北。

美水泉泉眼出土的"孟其瑞"玉印

小提示

从县城乘出租车十分钟可到美水泉，可免费品尝美水，也可在旁边的甘美公司购买瓶装矿泉水。然后进入美水村"农家乐"感受田园风光和陕北民俗，品尝用美水制作的甘泉小吃。

活化石——千年银杏树

　　千年银杏树位于唐代古刹白鹿寺内，是陕西省重点保护的古树，国家一级保护树种。这棵银杏树高23米，树围6.25米，苍劲挺拔，枝叶茂盛。据史书记载，该树植于唐代，距今已有一千多年。清嘉庆本《延安府志》三十六卷载："白鹿寺在（甘泉）县北三十五里。唐大历年中建，（后）晋高祖天福年间重

　　小知识　　银杏树也叫公孙树，因其果实呈白色，又叫白果树。它最早生活在距今1.2亿年前的中生代，是地球上最古老的珍稀树种之一，有"活化石"之称。

修。殿宇宏阔，丛林极盛。历宋、元、明皆有增修。内有白牡丹、银杏树，相传唐时遗种，移植即枯。"千百年以来，白鹿寺香火不绝。可惜毁于上世纪60年代中，现只有废墟和瓦砾。所幸银杏树得以独存，而且完好无损。民国十八年（1929年）陕北大旱，寸草不生，唯独这棵根深叶茂的银杏树依然苍翠挺拔，庇护当地百姓。秋后，人们发现大树根旁，又冒出一棵小银杏树。三年后，两棵树奇迹般地天然吻合，连成一体，这一奇特现象给银杏树蒙上了一层神秘色彩。

全景延安

甘泉县

17

高原氧吧——劳山国家森林公园

　　劳山国家森林公园位于东沟乡直罗沟内，距210国道15公里，距县城20公里。公园面积2.9万亩，森林覆盖率高达85%以上，森林资源丰富，是陕北黄土高原最大的、保护最完好的天然

劳山国家森林公园外景

次生林植物群落。该公园以森林资源为主体，以自然景观和历史人文景观为依托，是一个集生态旅游、森林观光、寻古探奇、娱乐休闲为一体的国家级森林公园。

这里四季分明，气候宜人。春天，万木复苏，嫩枝点翠，适于踏青春游；夏季绿茵铺地，凉风习习，适于纳凉避暑；秋天漫山遍染，果香醉溢，适于观光探幽；冬季银装素裹，玉树琼枝，适于登山赏雪。独特的自然景观展现出一幅奇、秀、幽、野的立体画卷。

为了充分利用景区原有的自然和人文资源，劳山林业局又建成了水上娱乐垂钓区、珍禽观赏区和生活娱乐区，开辟了人工林区、天然林区、苗木花卉观赏区和环山步道，开发了隋炀帝妃子薄姬墓区、隋唐古寨子、千尺峡和跑马场等景区，使山、水、花草、树木相映成趣，自然景观与历史文化融为一体。

风光旖旎的劳山国家森林公园

曲径通幽

高原奇观——雨岔山体石峡

雨岔山体石峡位于下寺湾雨岔沟南河村西，距县城56公里。石峡为地壳运动形成的山体裂隙，经千百万年洪水冲刷而成。当地百姓传说是二郎神用神斧所劈。石峡发育于红砂岩山体中，呈东西走向，总长0.5公里，高约100多米。石峡内地面高低起伏，道路曲折宛转，最宽处有3～4米，最窄处仅容一人通过。站峡底向上仰望，只见峭壁中夹一线蓝天，景观奇特。石峡周围森林茂密，古木参天，对面就是雨岔古崖居群，附近有老君寺石窟、悬崖佛殿式墓葬和野生牡丹群等，是寻古探奇的佳境。

石峡"一线天"

峭壁和一线蓝天融为一体，景观奇特。

云梨山庄风景区

　　云梨山庄风景区位于县城西南25公里的府村川。这里山清水秀，森林茂密，稻花飘香，景色迷人，素有陕北小江南之称。距景区西南5公里处就是劳山

集山水风光与农家风韵为一体的云梨山庄

枕涛亭

小知识

二十亩梨园尽情采摘，云黎幽谷骑马射箭，敖包木屋烧烤小憩，五谷房内农家乐样样俱全。回头纵观，奇石迥转，溪水涓涓，十里蛙声，天造地设云梨山庄，真乃陕北江南。

国家森林公园。

　　人们在黄陵朝圣先祖黄帝陵、在延安圣地接受革命传统教育、在宜川激情于黄河瀑布之余，往往会来到这里消暑避嚣，立身进学，休闲娱乐。1999年，甘泉县政协委员上官永祥以个人之力，藉山水之利，移土凿石，植树辟池，拓径塑像，修桥耸亭，建成了融山水风光与农家风韵为一体的云梨山庄。目前已向游客开放的有神龟听法、洗心池、薄姬出浴、响水潭、投缘池、枕涛亭、白龙洞、砚池等十多处景点，可供游客划船、垂钓、天然淋浴、登山、骑马、品尝民间小吃等活动。

　　著名书画家刘文西、靳之林，诗人贺敬之，延安书法名流郝飚、艾生等先后为云梨山庄题字。

高原奇葩——雨岔野生牡丹群

　　野生牡丹在甘泉境内有多处分布，雨岔野生牡丹群是其中较大的一个群落。雨岔野生牡丹群位于下寺湾镇雨岔沟柴关山、花豹岔一带的林区。为白、粉、红三种花色的紫斑牡丹居群。雨岔野生牡丹的皮和须根是上等药材"丹皮"和"丹须"。同时，也是难得的牡丹育种材料。

甘泉县

28

小知识

　　中国牡丹园艺品种根据栽培地区和野生原种的不同，可分为4个牡丹品种群，即中原品种群、西北品种群、江南品种群和西南品种群。野生原种主要有：矮牡丹、紫斑牡丹、杨山牡丹等。西北野生牡丹种群主要有紫斑牡丹和矮牡丹两种，集中分布在黄土高原、黄河流域。

甘泉县

29

听前辈讲那古老的民间传说

在甘泉久远的历史中，苍山美水，白云过道，引出了多少年如一日的美丽传说。

[隋炀帝游猎神林山]

甘泉县城西南5公里处的神林山麓，有泉水飞流激射，清澈透亮，厥味甘美，饮之心旷神怡，隋炀帝因之赐名美水泉。此事说来还有一段美丽的故事。

隋炀帝游猎北巡，来到雕阴县界，也就是如今的甘泉县界，途经府村时，遇到一名叫薄姬的俊秀女子。炀帝动情，即选纳为妃。薄姬聪明伶俐，美丽动人，炀帝十分宠爱，遂命工匠大兴土木，在府村建行宫别墅，同时修府建镇。次年盛夏，炀帝再次幸临府村避暑，文从武卫，前呼后拥，浩浩荡荡。别墅内，薄姬趁炀帝欢爱开心之机，提出要上山游玩。炀帝平时有狩猎爱好，一听便满口答应，并让侍从携带弓箭一同徒步上山。

一路上，炀帝与薄姬海阔天空地谈笑风生，不觉已来到神林山，远眺层峦叠嶂，近观古松参天，好一派山野风光。突然"扑哧"一声，迎面飞来一对奇异的小鸟，其角颈素白，脚尾赤红，顶上有扇状羽冠，体形娇小，十分美丽迷人。薄姬兴奋不已，一边失声高叫："漂亮，漂亮！"一边拽着炀帝的袍袖："陛下，快看，奇鸟。"炀帝见妃子好生喜欢，便急忙抽箭搭弓。薄姬拉住炀帝，娇嗔道："皇上，奴家要活的！"炀帝收回弓箭，即命随从人员围捕。他们虽人多力大，但英雄无用武之地，谁也不会飞，无论怎么喊叫围截，也对小鸟无可奈何。这对异鸟好像有意戏弄他们似的，飞飞落落。快到山脚时，鸟儿似乎疲倦难飞，落在一棵矮树上一动不动。炀帝示意左右避开，亲自蹑手蹑脚向鸟靠近，快到跟前时，猛闪身，双手一拢，捉住了。

薄姬迫不及待地掰开炀帝双手，"啊！"她惊叫一声，"皇上，您的手！"大家围拢一看，神奇的鸟不见了，皇帝的手指出血了，袍襟挂破了。侍从们大惊失色，不知所措。炀帝一看，开怀大笑道："神鸟指路，出猎见红，吉兆！吉兆！快去查找，何物刺破衣和手？"薄姬一眼瞅准，原来鸟栖身的那棵榆树浑身长满了一寸多长的刺针，环视周围还有一片榆树林，与众不同，都长着刺针。炀帝信口道："奇榆。"

午后，人们口渴难忍。忽听泉水淙淙，环顾发现离刺榆十余丈处，石崖距地一丈，涌流山泉。炀帝饮之，顿时神清气爽。薄姬喝后，亦觉甘甜醇美，余味不绝。大家纷纷大口享用，连声称赞，炀帝遂赐名"美水泉"。

踏上归程，路过泉旁山坳一小村庄。庄内十余户人家闻报，早已迎候皇上圣驾，给炀帝进水供食。炀帝呷茶，芳香；喝粥，清香；用馍，甘香；佐菜，郁香；饮酒，醇香。一桌盛宴喷香浓香，炀帝食之不辍，咋舌不已，对泉水更是盛赞不休，临走，又赐名该村为"美水沟"。

回朝后，炀帝食而无味，时常惦记着美水泉，于是下旨将雕阴县改为甘泉县，同时指令甘泉知县贡美水于长安宫，供自己享用。贡水必以泉旁榆刺为证，水中若无榆刺，则视为非此泉水。千里之遥，山路崎岖，一年四季，十分艰难。寒来暑往，百姓苦不堪言。送水者肩挑、畜驮，排队成行，络绎不绝，路途冻、饿、累死者不计其数。

后来，甘泉新来一位县令，看到此景，不忍百姓受此痛苦，便在一个夜深人静的晚上，带了几个心腹来到美水泉，先将自己的玉印堵塞泉眼，并用三合土和五金液浇灌，死死封固。随后禀报皇帝美水泉干涸，贡水遂终。

新中国成立后，人民政府投资开挖"美水泉"，引水进城，供县城居民食用。同时开发美水系列产品，如美水饮料、美水酒等。上世纪80年代，美水泉二期工程中，在泉旁挖出一枚玉印，篆刻"孟其瑞印"四个字。

甘泉县名的由来与隋炀帝有无关系，孟其瑞是否那位堵泉眼的县官无关紧要，那泉水厥味甘美却是真真实实、名不虚传的。

[范公刺兽野猪峡]

甘泉县与延安市交界处为"九焰山"，又称"湫沿山"、"九沿山"。山上苍松古柏森森，灌木花草葱葱，山谷即是有名的野猪峡。

九焰山和野猪峡的来历，民间有不少传说。很早以前，此处山林里野猪成群出没，除毁田毁禾外，还经常伤害过路行人。因此，人们称此地为"野猪峡"。传说北宋名将、延安知府范仲淹一日出巡，返回路经此地，被一群野猪团团围住。范仲淹骑马未定，为首的一头高大凶猛的公野猪就直冲过来。只见这头野猪两耳上竖，獠牙斜刺，鬃毛如针，张着簸箕般的大口，嚎嚎直吼。说时迟，那时快，范公嗖地抽剑出鞘，只听"扑哧"一声，剑头所指不偏不斜，正刺中那头野猪的右眼。野猪受伤，奔突疯狂一阵之后，便仓皇逃命。由于慌不择路，失前蹄从山崖旁滚落下去。这时押队的母野猪见同伴负伤落崖，便拼

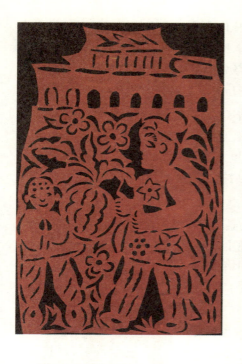

命扑来，其势更加凶猛。范公镇静勒马侧行，眼尖手疾，又一剑刺中猛兽的左眼，野猪来不及挣扎，也掉下高崖。其余野猪见势，四散而逃。范仲淹命随从迅速下山刺杀凶兽，以保路人平安。侍卫下去寻找，却不见血印，不见踪影，忽然谷底出现一个大湫塘。说来奇怪，野猪一公一母，一个伤右眼，一个伤左眼，双双落崖，却不翼而飞，干涸谷底顿时出现深渊。如此神秘，让人百思不得其解。

又一说法则是这样：隋炀帝在此狩猎时，碰上一头凶猛的大野猪，急忙搭箭张弓，只听"嗖"的一声，野猪中箭滚下石崖。炀帝急忙派人下山寻找，可找了大半天也没有见猪影。正当一位侍卫返回时，忽听见山脚处的一个大湫塘里有猪的"嚎嚎"叫声，侍卫打捞上来一看，都惊呆了，原来是一头带箭的石猪。炀帝大惊，以为冒犯了神猪，发誓不再狩猎。

从此以后，野猪峡再也没有见到野猪，只是山根下出现了一个大湫塘，人们慢慢便淡忘了野猪峡。

若干年后的一天，一群孩子在湫塘里戏水，忽然，塘水四溅，浪花翻滚，水中冒出一个怪物。这怪物张着大口，伸长脖颈，两眼发光，浑身金黄色，酷似小马驹，但又不是。此怪跳跃三下就不见了。孩子们被这怪物吓得乱喊乱叫，纷纷跑回家中告诉父母。次日，周围一带村民倾家出动，前来观看稀奇，果真发现怪物如前所述。后来，每天正午时分怪物出现。一过路老翁说，那是金马驹，这里是风水宝地，日后要出大人物的。

风声传开后，过往行人小心谨慎，又想目睹金马驹，又怕它出来伤人。一年后，来了一个贪宝心切的四川人，他听说塘里有金马驹，自称有法术降拿，就成天在这里打捞。一日，四川人正待捕捞，金马驹忽然跳上岸来，一口把他叼下水去，大半天不见踪影。等附近人们赶来相救时，金马驹不见了，四川人也不见了，湫塘水也干了。众人却发现塘底出现九个石孔，孔孔焰烟滚滚。人们说四川人被金马驹吞咽，法术在金马驹肚里作祟，金马驹潜身石匣中，九窍生烟，穿石而出。此后，人们又称此地为"九焰山"，天长日久，九焰山转音为九沿山。

范公刺鼻的野猪峡

[为民除害香林寺]

香林寺位于下寺湾乡阎家沟村斜对面的洛河西岸，坐落在山势险峻的峰顶上。背有群山衬托，前俯洛河流水，其景蔚为壮观。该寺始建年代，无有史料

记载，寺院几经毁坏，各类古迹已荡然无存。攀缘登山，小路崎岖，只见脚下山石千姿百态，身旁古柏苍苍凌空，峭壁崖窟遍布。左侧，千尺之下河水如卧波长龙；右下，一马平川，旷野无垠。置身寺门，如入仙境，大有无限风光在险峰之感。

有关香林寺的传说有多种，其一是：很久以前，这山上有个深无止境的洞，洞内藏着一头凶猛的怪物，每到夕阳西下时便出洞伤害牲灵，咬得路断人稀，闹得当地百姓不得安生。一天，来了一位法术高超的道人，自称能捉拿惩治这害人的妖怪。百姓们知道后无不喜欢，杀猪宰羊，殷勤款待，只盼得早日降拿怪物，为当地带来平安。几日后，那道人摸清了怪物的底细，来到山前，守住洞口。黄昏时分，怪物"呼"的一声出洞了。道人临危不惧，一边口中念念有词，一边拔剑在握。怪兽见有人行刺，掉头进洞，道人起身追入洞中。一个时辰后，只听"轰隆"一声巨响，山洞崩裂，妖怪粉身碎骨，捉妖的道人也长眠不起，从此，这里风平浪静，一切安宁。百姓们为了纪念这位为民除害的

道人，争相捐款，在山腰修筑一座道观，时常前来敬香祭奠。若干朝代后，又来了一位和尚栖身观内，不久又改建为寺。由于遍地长满地香柏，故取名"香林寺"。

自古以来，香林寺就是远近闻名的旅游观光地。

[二小牧羊孟家洼]

桥镇乡孟家洼村前的石山上，有一座寺庙，由石崖上开凿出大小不等六个石窟组成，每个石窟里有神态各异的泥塑和石雕佛像，寺前石人、石羊、石狗、石碑林立，整个寺庙庄严、古朴而奇特，名为"石宫寺"。

在古代，孟家洼村里住着一个姓孟的财主，为富不仁，无恶不作。他一生贪财，鬼迷心窍，平日里为人刁钻刻薄，横行霸道。逢年过节，敲诈勒索，老百姓要杀猪宰羊供奉讨好他。他财大势大，方圆百里，只要提起孟财主，无不咬牙切齿，但又惧他三分。

有一年，孟财主雇佣了一个叫二小的孩子给他拦羊放牛。孩子年幼，不过十来岁，父母双亡，无亲无故。孟财主家人对二小百般欺负，让他吃不饱、穿不暖，还不付分文工钱。二小老实憨厚，心地善良，虽经常遭受孟财主的欺压，但他忍气吞声，死活挨着。

过了五六年后的一天，二小赶着羊群，吟唱着信天游徜徉在山坡草地上。晌午，羊群到了一座山根下赶不动了。二小觉得很奇怪，莫非前边有狼？他一边赶羊，一边小心翼翼地四周张望，看有什么动静，可什么也没有看见，只是羊群仍旧不动。二小正在纳闷，头顶响起"扑棱棱"的翅膀声，抬头一看，有一对灰白的小鸽子飞进了山崖石洞。二小想抓住这对鸽子，便爬上崖，钻进了石洞。找呀找呀！找了半天也不见鸽子，便扫兴地转身出洞。二小刚出洞口，忽听见洞内有"叮叮当当"的凿石声。他停住步，掩耳细听，又听见里面传出了"开了没有"的问话声。

二小觉得更奇怪了，莫非里面压着石匠，还是后山有人打洞。想来想去，哪敢回话，更不敢进去，只好悄悄地离开山洞。

晚上回来后，二小把石洞中所见所闻告诉管家，这管家又偷偷转告东家。孟财主听了后思索半天，猛地惊叫一声："我要发大财了！"众家人见孟财主喜出望外，不解其意，又不敢多嘴问。孟财主怕透露风声，再三叮咛二小和家人，切莫把这件事传扬出去。

第二天天色刚亮，孟财主就把二小叫起来，给他吃了一顿饱饭，还跟着二小一同赶着羊群出发了。他们来到石崖根下，等了半天也不见鸽子飞来，等急了，两人便爬上石洞。到了洞口，果真里面传出了"开了没有"的问话声，孟财主急忙督促二小回答。不料，"开了"二字刚出口，"轰隆"一声巨响，石洞连同整个山体坍塌，把贪婪的孟财主和羊群全部埋没了。

村里人听到响声后，纷纷赶来。他们走近石崖一看，财主、羊不见了，二小瘫坐在一旁吓得直哭。崖壁上出现了六个石窟，浑然天成。窟内有雕像，窟前有石人、石羊、石狗。人们醒悟：这是上天造化。恶有恶报，善有善报，不是不报，时候不到。孟财主死后，家业衰败，家人四散，满院荒草。

其后，乡民在此烧香供奉，二小悉心照管，成年后便远走他乡。

[石翁种瓜石门城]

石门村南坪上，有一座南北宽300米，东西长350米的古城堡，史称石门子城。

传说城外石门村住着一个石姓老汉，以种瓜为业。他在依山靠河处开辟了五亩瓜园，终日操劳。功夫不负有心人，石老汉种的西瓜个大皮薄，籽少瓤甜，在上下川是出了名的。石老汉的瓜，穷人吃不收钱，富人给钱也不卖。天长日久，石老汉为人的好名声越传越远。

石门城

有一年石老汉种瓜出了怪事，平展展的五亩瓜地里只长出一棵独苗儿，这棵独苗又只结了一个西瓜。石老汉生气极了，心想这独苗瓜怎么能救济穷人呢？想挖掉再种其他作物。正当石老汉纳闷时，有一个白胡子老翁托梦给他。老翁笑盈盈地走到他面前说："此瓜秧千万挖不得，中秋节此瓜要给石门带来大福！"还未等石老汉问个明白，这白胡子老翁不见了。石老汉醒来沉思良久，莫非是仙人指点。这个梦使石老汉安了心，不但整天精心管理，而且还昼夜守护着这棵独苗瓜，眼瞧着它越长越大。

到了中秋节这一天，明月初升，田间小道上来了一个胖和尚。这胖和尚癞头跣足，满脸横肉，立在瓜园看了一阵，嘴里还"善哉善哉"念叨不停。过了一会儿，这胖和尚突然对石老汉说："老人家恭喜你，你若用这只大西瓜敲开对面石门，有享不完的荣华富贵，吃不尽的山珍海味。"说着，他顺手摘下了这只西瓜，让石老汉与他一同到石崖去。石老汉一时不知所措，便跟着和尚到了石崖边。那和尚猛地将西瓜往下一摔，瓜儿分成两瓣，从中掉出一把金钥匙。和尚让石老汉拿这金钥匙打开石崖缝。当石老汉把金钥匙插入石缝后，只听见"轰隆隆"一声闷雷响，山石开了个洞。胖和尚又领石老汉进了洞，只见一位鹤发童颜老仙翁赶着毛驴儿，拉着石磨转。他们细细一看，石磨中竟是熠熠闪光的金豆豆。石老汉喜出望外，抓了一把赶紧奔回村里分给左邻右舍。而那胖和尚却大把大把地往袋子里装金豆豆，装满了又往衣襟上撩，贪心不足。忽然间石门"轰隆隆"一声重又闭合，胖和尚喊破嗓子石门也不开。

村民和石老汉返回山洞时，只见山崖如故，浑然一体。这才知石门重合，胖和尚闷死其中。石老汉心想，原来是天神暗助，于是在石崖前修一座庙，独自坐禅修行，不久便坐化了。

甘泉县

37

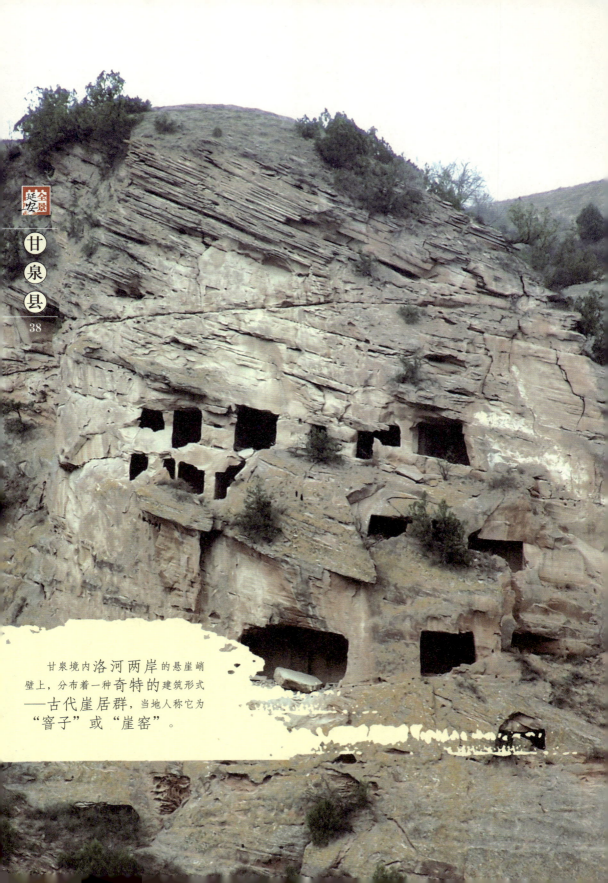

甘泉境内洛河两岸的悬崖峭壁上，分布着一种奇特的建筑形式——古代崖居群，当地人称它为"窨子"或"崖窑"。

悠久的历史

黄河是中华儿女的母亲河，黄土高原是华夏民族的发祥地。甘泉位于黄河中游，地处黄土高原腹地，从新石器时代早期开始就出现了文明的曙光，北方草原的游牧文化和中原地区的农耕文明在这片土地上碰撞、交融、渗透、吸收，孕育出独具魅力的文化现象。自商周至秦汉，从隋唐到明清，历史的潮汐和文化的涟漪，在甘泉这块土地上留下了内容丰富的各类历史文化遗产。据考古调查和文物普查统计，甘泉境内目前发现各类文物点336处，其中，地质时代动植物化石地点20余处、古文化遗址129处、古墓葬（群）36处、古城寨18处、古烽燧16处、石窟寺庙20处、古崖居群12处等。这些历史文化遗存的数量和分布密度在陕北地区首屈一指。

古生物化石遗址

甘泉地处鄂尔多斯台地即陕北盆地腹部，地质构造是陕北单斜翘曲，地层系统分属三叠纪延长组、侏罗纪延安群和白垩纪保安群。早在古生代这里是一片汪洋大海，至中生代形成内陆湖盆地，后经燕山运动和喜马拉雅造山运动，形成现在的高原地貌。在甘泉境内的中生代、新生代地层中分布着丰富的古生物化石群，植物化石有托次厥、新芦木、松柏、竹子等，动物化石有鱼类、三趾马、肿骨鹿、高氏羚羊等。这些古生物化石是研究古气候、古地质和生物演化的珍贵实物资料。

蕨类植物化石标本

 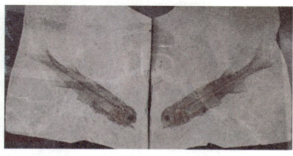

岩层中采集的鱼化石标本

这种红褐色的岩石中经常会发现鱼化石

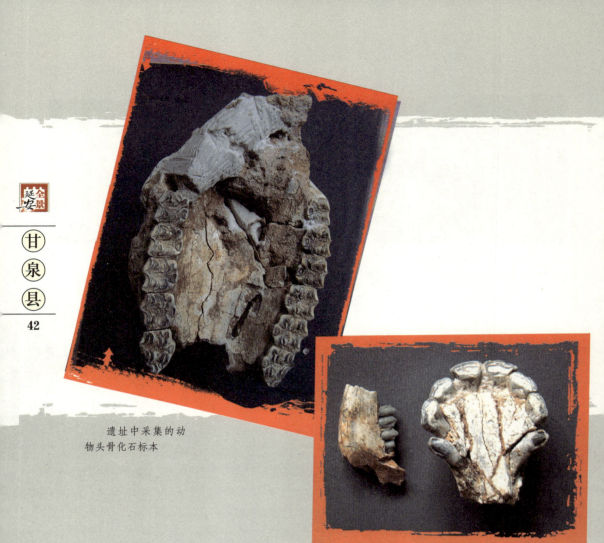

遗址中采集的动
物头骨化石标本

遗址中采集的动物上颌和牙齿化石

硅化木，树干化石。

新石器时代古文化遗址

从距今六、七千年前的新石器时代开始，甘泉境内洛河两岸的台地、山坡和梁峁上就先后生活着仰韶文化和龙山文化的原始先民，他们在这片土地上渔猎、耕作、生息、繁衍，播撒着人类早期文明的曙光，留下了房址、壕沟、灰坑、墓葬等遗迹和许多玉器、石器、骨器、陶器等遗物。根据考古调查统计，甘泉境内目前共发现新石器时代古文化遗址102处，其中仰韶文化遗址48处，龙山文化遗址54处，分布数量和密度远远高于关中、陕南地区。这些古文化遗址是珍贵的人类文化遗产，也是进行中华文明起源研究的重要依据。

[关家沟遗址]

关家沟遗址位于城关镇关家沟村西约200米处的台地上，距县城2公里。遗址坐落洛河的二级台地上，南近洛河，北依山，面积约56万平方米。遗址地

遗址中采集的彩陶片

表陶片丰富，采集到的陶片有彩陶、细泥红陶、夹砂红陶、灰陶。纹饰有细绳纹、刻划纹、附加堆纹、网格纹等。彩陶施彩，器表多经打磨，黑色彩施于器物口沿及肩部，有弧线、三角、圆点、条纹等图案。可辨器型有屈腹钵、盆、直筒罐、尖底瓶等，并采集到各类陶环、陶刀、石斧、石铲、骨锥等，属典型的仰韶文化庙底沟类型。遗址内还发现陶鬲、陶甗等少量的商周和战国遗物。关家沟遗址文化层堆积深厚，内涵丰富，是一处从仰韶文化早期开始、延续时间较长的古文化遗址。

仰韶文化是中国新石器时代的一种文化遗存，距今约6000～5000年，因最早发现于河南省渑池县仰韶村而得名。该文化主要分布于黄河中下游一带，以陕西渭河流域、山西西南和河南西部的狭长地带为中心。生产工具以磨制石器为主，常见的有刀、斧、锛、纺轮等。农作物为栗和黍。饲养家畜主要是猪、狗。也从事狩猎、捕鱼和采集。陶器以细泥红陶和夹砂红褐陶为主，红陶器表常有彩绘的几何形图案或动物形花纹。仰韶文化属于母系氏族繁荣期的文化。

关家沟遗址全景

遗址中出土的夹砂陶罐，距今已有五六千年的历史。

仰韶文化先民使用的弧背石刀

小知识

庙底沟文化是仰韶文化和龙山文化之间过渡阶段的文化遗存，发现于河南省三门峡的庙底沟。其前期的陶器多为圆点纹、满纹、方格纹装饰，距今约4500年；后期的陶器纹饰主要是绳纹、篮纹、方格纹，距今约3500年。

[柳林沟遗址]

柳林沟遗址位于石门乡柳林沟村西，距县城25公里。遗址北依山，南临洛河，东西为冲沟，面积约10万平方米。遗址地表陶片丰富，俯拾皆是。有泥质红陶、泥质灰陶、夹砂灰陶、泥质灰陶。纹饰为黑彩条带纹、细线纹、篮纹、

砍砸器与刮削器

遗址内采集的陶片

柳林沟遗址远眺

绳纹、刻画纹、附加堆纹等。可辨器型为高领罐、罐、钵、鬲、尖底瓶等。并采集有石核、刮削器等细石器和石斧、石刀等磨制石器。分别属仰韶文化半坡类型和龙山文化早期类型。

三角勾叶纹陶片标本

遗址内出土的曲腹红陶盆

[汪家沟遗址]

汪家沟遗址位于道镇镇汪家沟北约200米处的台地上，南距县城30公里。该遗址东为沟渠，北靠山，南临210国道，面积约为24万平方米。

汪家沟遗址地表随处可见大量的陶片。以彩陶片为主，并有泥质红陶、夹砂红陶，夹砂灰陶

汪家沟遗址全景

遗址内出土的曲腹彩陶盆

最原始的首饰——陶环

极少。并采集到许多陶环及残陶刀。彩陶以红陶黑彩为主，也有黑彩的图案上用白彩勾边和白陶画黑彩的。彩绘以勾叶、三角、圆点、弧线等组成的图案，这些彩绘陶片大多是盆、钵的残片。据当地村民说，遗址内曾挖出过完整的彩陶盆和尖底瓶。该遗址属仰韶文化庙底沟类型。

采集的陶铃残块

尖底瓶残片

[史家湾遗址]

史家湾遗址位于道镇镇史家湾村北的山坡面台地上，西靠山，东临洛河，南距县城20公里。该遗址是陕北南部地区目前发现的唯一的史前时代山城。城址平面呈三角形，城墙用石块垒砌而成，面积约2万平方米，标志着城邦的出现。该遗址地表散落着大量陶片。1991年陕西省考古研究所对遗址进行了发掘，发现龙山文化早期房基3座、灰坑9个、墓葬1座，出土篮纹、麻窝纹、绳纹、附加堆纹的双扳深腹罐、高领罐、斝、鬲、大口缸等陶器及石、石刀、石矛、石纺轮等，内涵十分丰富。

用石片垒砌的山城城墙遗迹

甘泉县

50

史家湾遗址全景

四千多年前的石质首饰

遗址内出土的大石斧

小 知 识

　　龙山文化泛指新石器时代晚期的文化类型，因发现于山东章丘龙山镇而得名，距今约4350～3950年，分布于黄河中下游的山东、河南、山西、陕西。龙山文化时期，陕西地区的农业和畜牧业有了很大的发展，生产工具的数量及种类均增加，快轮制陶技术比较普遍。同时，占卜等巫术活动亦较为盛行，私有财产已经出现。

[营盘山遗址]

营盘山遗址位于下寺湾镇营盘山村北0.4公里处。遗址面积约6万平方米，断崖上暴露有灰坑、房基。地表陶片较多，采集有泥质灰陶、泥质褐陶、夹砂红陶、夹砂灰陶片，纹饰有篮纹、绳纹、麻点纹、附加堆纹，可辨器型有鬲、双耳罐、盆等。属龙山文化遗存。特别是在该遗址中曾采集到一块外部饰篮纹、边沿施附加条带纹、内为素面的灰陶板瓦残片，这是国内目前所知最早的瓦，说明建筑用陶已经出现，十分珍贵。

营盘山遗址全景　　　　　　　遗址中采集的石刀

出土的筒形杯残片

遗址内采集的筒形罐

[香林寺坪遗址]

香林寺坪遗址位于下寺湾镇香林寺坪村北的山坡上，面积10万平方米，山腰是千年古刹香林寺，河对面是北魏的敷政古城。遗址内地表陶片丰富，多为泥质灰陶和夹砂灰陶，纹饰主要有绳纹、篮纹、附加堆纹和麻窝纹，陶器有双扳直筒罐、鬲、斝、大口缸等。并发现有白灰居住面、窖穴、灰坑遗迹。该遗址在旧时曾出土过许多玉器，近年村民耕地时也常有玉器出土。玉器均素面，有四合璧、五合璧、环、璜、斧、刀等，制作和打磨工艺具有较高水平。这里是一处典型的龙山文化遗址。

遗址中出土的玉环

遗址中采集的磨光石器　　　　　　　　　　遗址中采集的磨光陶器

香林寺坪遗址远眺

商周、秦汉遗址

商周时期，甘泉属古雍州，远离商周王朝的中心区域，地处草原文明和中原文明的结合部，农耕文化和游牧文化在这里交融、渗透，相互影响，从而呈现出一种独具特色的文化现象。进入秦汉，由于政治中心移位于离甘泉较近的咸阳和长安，甘泉自身的地位也发生变化，因此甘泉地上、地下各类文物突然大量增加。这一情况表明，秦汉时期，甘泉地区社会生产得到发展，人口急剧增加，出现了一个空前繁荣的阶段。特别是公元前212年，有着世界上第一条高速公路之称的"秦直道"的开通，使甘泉留下了更为丰富的文化遗存。

典型的商代云雷纹陶片

[佘河沟遗址]

佘河沟遗址属商、西周时期，位于下寺湾镇佘河沟村西的山梁上，南临洛

遗址中采集的典型商代目雷纹陶片　　　　　　　　　　遗址中采集的陶罐残片

河川道，北靠山，面积约3万平方米。遗址地表采集有各类陶片，有夹砂灰褐陶、泥质灰陶，纹饰有绳纹、刻划纹、几何纹、云雷纹、目雷纹。可辨器型有鬲、罐、盆、尊等。1999年春，遗址内曾发现商周时期的古墓多座，出土了青铜鼎、簋、瓿、爵和钺、戈、三銎刀等兵器。

佘河沟遗址远景

[官井巷、西台遗址]

官井巷、西台遗址属战国时期，位于县城内官井巷、体育场及西台区一带，面积约12万平方米，是一处重要的战国时期建筑遗址。遗址内出土了大量的绳纹板瓦、筒瓦、陶水管道、弯头等建筑材料和陶范、陶盆、陶钵等遗物，特别是出土了一批独具特色的战国瓦当，这批瓦当有圆形、半圆形两种，纹饰有四叶云纹、网心云纹、虎纹、狩猎纹、蘑菇纹、勾连阴云纹等。有学者通过对瓦当的研究，结合方志和历史文献记载，认为该遗址可能是战国时魏国的雕阴邑所在。

雕阴邑是战国中期魏国在黄河西岸地区设置的重要军事要冲之一，南以魏长城为屏障，西依洛水，北靠劳山，是御秦的南大门。公元前331年，在此曾发生了著名的秦魏雕阴之战。此战役中魏国大将军龙贾被俘，4.5万名士兵被秦军活埋。《史记·魏世家》载："魏襄王五年秦败我龙贾军四万五千于雕阴，与秦西河之地。"一年后，"尽入上郡与秦"。雕阴之战后，魏国退守黄河东岸，从此一蹶不振。而秦国占领了包括雕阴在内的西河、上郡广大地区，为后来统一六国奠定了坚实的基础。雕阴之战是战国中晚期秦盛魏衰的起点。

变形云纹瓦当

阴云纹半瓦当

勾连阴云纹瓦当

遗址中出土云纹瓦当

古城、古山寨

　　甘泉是陕北的南大门，是连接关中与陕北的咽喉要冲，地理位置十分重要。自秦汉至明清，千百年来，甘泉自古烽火狼烟不断，一直为兵家必争之地。战国中期的秦魏雕阴之战，三国时马超屯兵青州城，唐初太宗皇帝劳山激战突厥，北宋范仲淹与西夏对峙，明代防御"套虏"侵扰，明末李自成农民运动，清代的回民起义和西捻军活动等，这些战事在甘泉境内留下了古城、古山寨、古烽燧等诸多古代军事遗存。这些古城、古山寨现在或已成残垣断壁，或已是土墩废墟，却见证着甘泉这片土地曾经的动荡与不安，是思旧怀古的好地方。

[敷政故城]

　　敷政故城属北魏时期，位于下寺湾镇阎家沟村，北距县城40公里，甘志公路穿城而过。城址平面呈圭首型，北依三椎山，南临洛河，洛河南岸是千年古刹——香林寺。城周长2100米，面积29万平方米，现存北面和南面城墙，并保留有马面四处。城墙残高4～5米，宽6米，夯筑。北魏孝和元年（477年）在此置因城县，唐初改金城县，天宝元年（742年）改敷政县。现城内砖瓦、条石等建筑材料遗存较多，偶尔可捡到古代钱币、铜箭头和宋、元瓷片。2005年城中发现商代晚期墓葬一座，出土了大量珍贵文物。

全景延安

甘泉县

59

历经千年沧桑的敷政故城在冬日夕阳下依然雄伟

[伏陆故城]

伏陆故城始盛于唐代时期，即今甘泉县城。古城东依凤凰山，西临洛河。平面呈圭首型，周长1560米，城墙夯筑，残高6～8米。唐武德元年（618年）置伏陆县，天宝元年（742年）因城南美水故，改为甘泉县。据地方志记载，古城在明、清两朝数次维修。现存南城墙和凤凰山上的城垛、堞堆、烽火台等建筑遗迹。

银装素裹伏陆故城

虽是残垣断壁，但城墙的夯土层依然清晰可见。

[康黎堡]

　　康黎堡系明代修筑，位于东沟乡府村村，距县城40公里。古城依山而筑，西临东沟川，地势险要，易守难攻。城址平面为三角形。

经常有人来古城考察

倒伏在草丛中的无头石雕像见证了古城的沧桑变迁。

[青州故城]

青州故城又名潘延堡、石门城，传说三国时马超所筑，位于石门乡石门村洛河东岸，距县城30公里。古城三面环水，依山而建，与对面的马超洞、古山寨一起扼守洛河河谷。城周崇山峻岭，东西两山陡如刀削，屹立如门，故曰石门。城址平面呈圭首形，周长2000米，有东西两门，东门已塌，西门保存较好，高4—6米。现城内遍布灰板瓦、石条等建筑材料。

马超镇守青州以前，城邑较小，难以容兵，便号令三军，一年半载扩修了青州城池。新城建好后，不少贼兵骁将前来偷袭攻城，均告失败。之后，马超便决定在与青州城对峙的太行山悬崖修筑防卫工事，以屯粮草兵马，守此关卡，护卫青州。

工事主体为陡壁下开凿一巨型石洞。石洞开凿时，青州一带百姓积极出

青州故城远眺

劳出畜，各地能工巧匠踊跃献艺，一时间工地上车水马龙，场面惊天动地，热闹非凡。经过一年艰辛奋战，在太行山的悬崖陡壁中，终于开凿出了一个超大山洞。洞里分设八室，上下三层。有"指挥洞"、"观察洞"、"屯粮洞"、"射击洞"等。指挥洞一明两暗，并有套间，洞深13.4米，宽11米，高2.9米，套间深15米，宽9米，高2.9米。观察洞有观察孔14个，直径1.2米。通上层的圆

战争的硝烟早已散去，在古城的残垣断壁下，人们又开始一年的辛勤劳作。

形洞，直径为1.5米，叫"上天井"。通下层的可直接从泉中吊水的圆形洞，直径为1.5米，曰"下天井"。屯粮洞内有就石而凿的锅灶、蓄水池等。射击洞深14米，宽21米，高2.9米，洞内石壁上有整齐而高低一致的若干小孔，为挂兵器之需。洞外还有28个洞口，为射击口。整个山洞造型和设计如神工造化。

工程修筑告竣后，马超连连克敌。青州城固若全汤。

古烽燧

　　烽燧，也称烽火台，是古代使用点火燃烟传递信息的一种军事设施。甘泉境内的烽燧主要建于汉代和宋代。这些烽燧均选择川道、古道的制高点，沿山脊等距修筑，形成烽燧线。汉代烽燧从石门乡张槐湾开始，沿洛河河谷向西北延伸，主要有乱柴沟、白渠、贺家湾、麦台子、府君殿，最后进入志丹境。宋代烽燧沿劳山川向北延伸，经六里峁、姚店、太皇山、小劳山、九燕山，进入宝塔区境内。甘泉烽燧多为夯筑，部分为土石混筑而成。

古墓葬

墓葬与房屋一样是人类历史上意义深远的创造发明之一。中国古代葬俗因时代、地域和文化的不同而存在差异。甘泉境内的古墓葬多为土葬，墓室有土坑、砖砌、石筑等形式。从新石器时代开始，历代的古墓葬在甘泉均有发现。其中，数量最多的是秦汉时期的墓葬，而最具特色的是宋、金时期的一种仿木结构砖室墓。这些深埋地下的历代墓葬是认识和复原古代社会的重要物质文化遗产。

饕餮纹铜鼎　　　　　　　　　有阑直内羊首钺

[阎家沟商代墓葬]

阎家沟商代墓葬位于下寺湾镇阎家沟村，距县城36公里。村子坐落在一座古城遗址上，据明嘉靖本《延安府志》载，此城为北魏太文帝孝和元年（477年）所治的因城县故城，即唐改称的敷政县故城。该墓葬共出土各类文物70多件，青铜器57件，包括礼器、兵器、杂器等。其中青铜礼器15件，包括兽面纹鼎1件、简化兽面纹鼎3件、无耳簋5件、镭1件、扁体卣3件、简化兽面纹瓠2件。兵器共7件，有羊首钺、戈、曲茎铃首剑、三銎刀、镞等。马、铃首

绿松石串饰　　　　　　　　　长翼铜镞

青铜马

匕、泡饰等其他铜器共35件以及素面金箔片、骨镞、骨牙、绿松石等。该墓葬出土的青铜器具有鲜明的商代晚期特征,其中曲茎铃首剑、铃首匕和三銎刀是典型的北方草原青铜器。曲茎铃首剑剑茎、剑鞘上的小点纹和筒形器上的小方块纹、波折纹,都具有北方草原青铜文化特色。特别是 2 匹青铜马,造型准确,铸造精美,极其罕见,是目前国内发现的最早的以马为形象的圆雕艺术品,具有极高的文物价值和艺术价值。阎家沟商墓是目前陕北地区发现青铜器数量最多的一座商代墓葬,同陕北、晋西北地区出土的商代墓葬一样属于李家崖文化,与商代神秘的鬼方国关系密切。

曲茎铃首剑

铃首匕

青铜车马饰

弦纹簋

骨镞

弧形金箔片

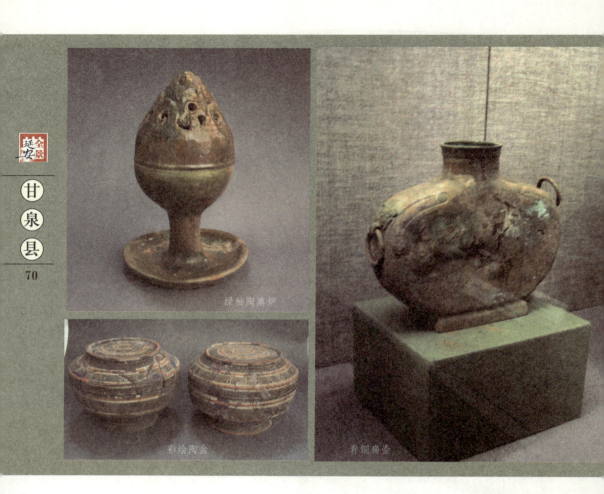

绿釉陶熏炉

彩绘陶盒

青铜扁壶

[鳖盖峁汉墓群]

　　鳖盖峁汉墓群位于县城西北的太平梁、鳖盖峁一带，西临洛河，北靠山。该墓群为1988年文物普查时发现，地表零星可见绳纹板瓦、筒瓦残片。1991年陕西省考古研究所对该墓群进行了发掘，共清理西汉早期到东汉中期墓葬20余座，墓葬形制有木椁墓、土坑墓、洞式墓等，出土了随葬的青铜鼎、钟、钫、博山炉、铜镜、带钩和彩绘陶器、漆木器以及玉石、金银器等许多珍贵文物和明器，并发现了墓上的祭祀性建筑遗存，对深入研究陕北南部地区两汉的社会经济历史有着重要的意义。

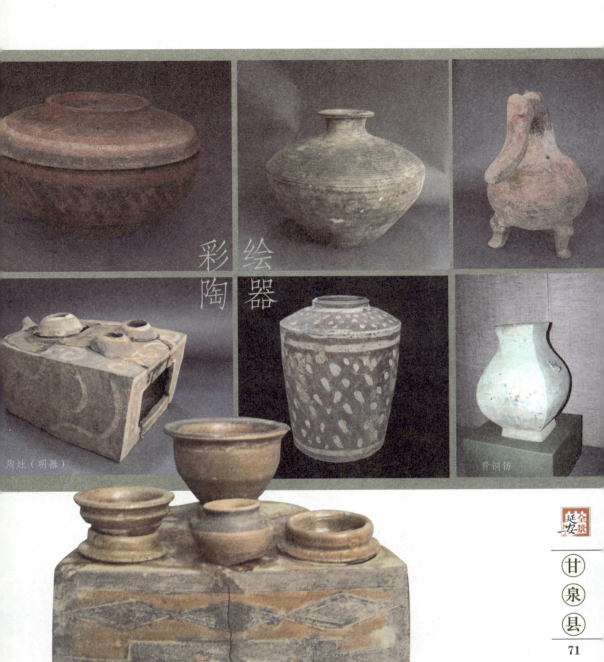

彩绘陶器

陶灶（明器）

青铜钫

陶灶（明器）

铜甑

绿釉盘口锺

陶盒

方壶

陶囷

墓葬位于峭壁之上，给人一种神秘莫测的感觉。

[悬崖佛殿式墓葬]

　　这座宋金时代的悬崖佛殿式墓葬也称瘗窟，位于下寺湾镇李巴圪崂村北的悬崖上，距县城65公里。墓葬坐北面南，距地面高6米，距山崖顶5米。

　　墓葬包括前廊、门道、窟室三部分。前廊为仿木的三开两层楼阁式建筑，栏板以下雕出假门、假窗，正中为单插锁大门，门两侧是倚柱，左右间上部为窗棂。门窗之上是栏额，其上雕出斗拱结构，均为一斗三升，柱头枋上有斗拱七朵，斗拱之上为雕有菱形花纹的栏杆栏板。这是存留下来为数不多的仿木结构实物，是研究宋金时期建筑艺术的珍贵资料。

　　窟门开凿与廊之正中，两侧石壁上各开一龛，内雕造像，右龛为一佛二弟子二菩萨二供养人及飞天形象；左龛为元始天尊、二胁侍二童子，天尊头戴道冠，身披道袍，后有背光。造像反映了宋金时期佛、道两教合流的情况。

　　窟室分为前、中、后三部分。前室宽3.45米，高2.4米,进深2.3米，两壁上浮雕十二罗汉及山峦。中室宽3.58米，高2.96米，深2.59米，窟顶为穹隆顶，从内到外依次雕有"T"形纹、飞天、花卉、如意云纹；窟壁部分地方残留草泥，应原绘有壁画。后室宽3.1米，高2.5米，深3.2米，后室和中室地面连成一体，凿有"凹"字形棺床，棺床上放置多具棺木，均严重破坏，与尸骨杂乱混置在一起，经过清理，发现成人尸骨22具，其中男性8具、女性14具，室内残存木门、竹简及严重腐朽的丝、麻织品。

　　崖墓在中国西南和东南地区有一些分布，但是像甘泉这种将仿木结构佛殿和墓室结合在一起的墓葬却还是孤例，极其罕见。对于该墓的时代和文化内涵，目前学术界有不同的看法。一些文物考古专家根据该墓的建筑形式、造像风格以及出土文物分析，初步认为是宋金时期中国北方少数民族的一种特殊家族合葬墓。

[仿木结构砖室墓]

仿木结构砖室墓是一种仿拟现实庭院厅堂结构的墓葬建筑形式。其最早出现在晚唐、五代时期，到宋金两代时达到顶峰。宋金时期仿木结构砖室墓在甘泉境内分布较多，目前已发现有50多座。其建筑多为单室，也有两室和多室。墓葬平面呈方形、长方形和八角形等，顶部处理为八角叠涩攒尖式、四角叠涩覆斗式和穹隆式。四壁用砖雕刻出柱、梁、枋、斗拱结构、屋檐、瓦垄等建筑构件，并刻出门窗结构，是研究中国古代建筑艺术极其珍贵的实物资料。特别是在这些砖室墓四壁上经常装饰着许多纹饰精美的画像砖，其内容有二十四孝故事、烈女义妇故事、侍女门隶、社火秧歌、体育游戏、花草瑞兽等，题材异常丰富，是研究宋金时期社会经济、意识形态、社会风俗、民间艺术等方面的珍贵实物资料。

雨岔李巴圪崂宋金墓

雨岔李巴圪崂宋金墓位于下寺湾镇李巴圪崂村北2公里处，近处就是悬崖佛殿式墓葬。该墓为仿木结构单室墓，坐南向北，由墓道、甬道、墓室三部分组成。墓室为砖砌正方形，边长2.65米，高4米，覆斗式顶，墓室四壁雕刻仿木结构的斗拱、枋额等建筑构件，并镶嵌刻有舞蹈、秧歌形象的画像砖。正中为砖砌棺床，形似陕北土炕。随葬品有青瓷狮背碟、瓶、碗及古钱币等。

舞蹈画像砖

墓壁上镶嵌的画像砖

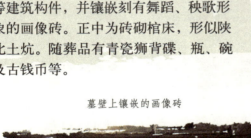

墓室北壁镶嵌的画像砖和砖刻的斗拱结构

表现伞头的秧歌画像砖

甘泉县

77

戏菊童子画像砖

劳山王台村1号宋金墓

劳山王台村1号宋金墓位于劳山乡王台村，距县城9公里，坐北向南，为仿

墓室东壁通往耳室的拱形门洞

"捶丸"游戏画像砖，相似于如今的高尔夫球。

木结构多室墓，由前室、后室、耳室三部分组成。各墓室平面近方形，大小相近，边长1.8到2米，各室间有砖砌拱形门洞相连，均为塔式顶。墓室四壁有鹿踏莲台、盆栽竹叶、鹿纹箭头画像砖等，并用朱砂涂成红色。墓内尸骨3具，随葬品有一小黑瓷碟及若干古钱币。

墓室内的仿木结构及彩绘

劳山王台村2号宋墓

劳山王台村2号宋墓位于劳山乡王台村北的塘子峁。坐北朝南，仿木结构单室墓。墓室平面呈方形，边长1.5米，高2.5米。墓室四壁有简单斗拱结构和鹿纹花卉画像砖，仿木结构涂红色、黑色彩绘。墓内出土墓砖一块，墨书"靖康丙午岁四月"和"金、木、水、火、土"字样，并赋诗一首："贪财并贪酒，色欲时有人。三者戒减时，寿命九十九。"该墓为纪年墓，建于北宋靖康元年（1126年），对本地区宋金仿木结构砖室墓分期研究十分重要。

彩绘的椽、枋结构

奔马纹画像砖

奔鹿衔草纹画像砖

覆斗形的墓顶

苗山宋墓

　　苗山宋墓位于县城南15公里的水草沟苗山村东。坐北朝南，由墓道、甬道、墓室三部分组成。墓室为正方形，边长2.5米，左右各有一耳室。墓顶为叠涩覆斗形。墓门上方条砖上刻有"政和八年即重和元年"题记，因为这一年正逢宋徽宗更改年号。墓室四壁有砖刻直棂窗和倚柱，上方为斗拱和栏、檐、瓦垄等，斗拱雕成花形和人字形，造型极具特色，并涂有红、白、黄三色彩绘。该墓为纪年墓，建于北宋政和八年（1118年），是进行宋金仿木结构砖室墓分期研究十分重要的实物资料。

彩绘的仿木建筑使墓室显得十分豪华

造型奇特的花形斗拱

极具特色的人字形斗拱

墓门上的纪年题刻，明确了墓室的构筑年代。

古崖居

　　窑洞是陕北地区独具特色的人居建筑，然而在甘泉境内洛河两岸的悬崖峭壁上还分布着一种更为奇特的建筑形式——古崖居群，当地人称作"窨子"、"崖窑"，极其罕见，是珍贵的历史文化遗产。其最大的特点是选择在地势极为险要的悬崖峭壁上，人工开凿洞室。石室大小各异，彼此通连，如现在的单元居室，甚至有十几个石室上下、左右相通的，如同迷宫，颇为壮观。石室内外有穿廊、遮檐、天井、地井等结构和门、窗、炕、灶等生活设施。

　　甘泉境内的古崖居有几十处之多，仅规模较大的崖居群就有10余处。这些古崖居群的开凿年代、性质及用途，目前说法不一。据当地学者考证，甘泉所处的洛河上中游地区自古战事、兵祸频发，从崖居所处的位置极其险要和易守难攻的特点判断，其用途和性质应与这些战事有关。根据洛河两岸已发现的众多宋金时期开凿的石窟寺和个别崖居内发现的金代题记分析，这批崖居的开凿年代主要集中在宋金时期，并一直延续到明清。

　　到目前为止，甘泉境内仍有许多崖居还没有人进入过，室内情况至今无人知晓，有待考古探险爱好者去揭开它们神秘的面纱。风烟千古事，洞窟一时谜。欲解其中意，探幽古崖居。

[雨岔古崖居群]

　　雨岔古崖居群位于下寺湾镇雨岔沟南河村西的一座山崖上，距县城56公里。遗址对面就是高原奇观山体石峡，附近有野生牡丹群和悬崖佛殿式墓葬。从远处看，崖居群只有一个入口，进入窟内可见整个崖居群是由18个石窟组成的三层结构、大窟套小窟的连环布局，石窟之间以暗道和天井相连。石窟中，最小的面积有20多平方米，最大的有近40平方米。整个石窟内共可容纳三四百人，十分奇特，异常壮观。

[石门崖居群]

　　石门崖居群又名马超洞，位于县城西北20公里石门村洛河北岸的悬崖上，与对岸的青州城隔河相望。洞高城低，居高临下。相传为三国名将马超屯兵所修，但从洞外"金代皇统四年题"可知，此崖居为金代开凿。马超洞有8室，分上下3层，设指挥、观察、屯粮、射击洞。指挥洞一明两暗为套间，深13.4米，宽1.1米，高2.9米；挎间深15米，宽9米，高2.9米。观察洞置观察孔14个，直径1.2米，上层为圆形洞，直径1.5米，叫上天井；下层也为直径1.5米的圆形洞，两洞间有直径为1.2米的通道。屯粮洞有石雕锅窝，地面完整，保留着石雕的囤粮、储水的器具。射击洞深14米，宽21米，高2.9米，右壁凿有形状一致的若干小孔，用来挂兵器，面对青州城有28个射击孔，有"凿洞用盐十一石，用洞料八斗"的石刻文字。

这些洞外原有木质遮檐、穿廊和栈道，现已不存，仅有桩孔。

[胡家湾崖居群]

胡家湾崖居群位于桥镇乡胡家湾村东的悬崖峭壁上，距县城45公里。崖居群南临洛河，距地面约40多米，由东西两部分组成。东区部分由20多个石室组成一个整体，分上下3层，布局严谨，石室间有暗道和天井相连。西区部分由一排相互通串的8个石室组成。一些石室内凿有炕、灶和水槽等。

从远处望去，古崖居外观就像放大的蜂窝。

悬崖峭壁上的民居——胡家湾古崖居群遗址远眺

从远处看，阎家湾崖居像一座三层阁楼。

[阎家湾崖居群]

　　阎家湾崖居群位于桥镇乡阎家湾村东紧临洛河的悬崖峭壁上，距县城约48公里。崖居为上下三层，布局规整，因一直无人进入，内部情况不明。

[香林寺山崖居群]

　　香林寺山崖居群位于下寺湾镇香林寺山西侧的悬崖峭壁上，西临洛河，距县城约38公里。崖居遍布悬崖，有70余窟组成，窟窟相连，洞洞相通，蔚为壮观。早年传有一转兵洞自金牛石券与田家沟相通，深达十余华里。40多年前有乡民曾进入试探，但深不可测。现洞口在何处，已难觅踪迹。

风烟千古事，洞窟一时谜。
欲解其中意，探幽古崖居。

秦直道遗址甘泉段

秦直道是世界交通史上的伟大奇迹。秦直道始筑于公元前212年，比欧洲的"罗马大道"早了200多年。《史记·秦始皇本纪》载："除道，道九原抵云阳，堑山堙谷，直通之。"《史记·蒙恬列传》也载："始皇欲游天下，道九

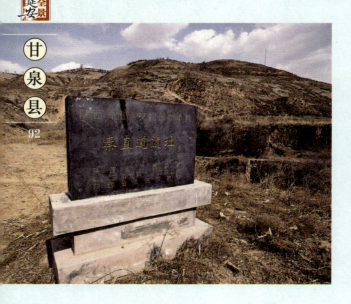

安家沟兵站遗址出土的云纹瓦当

原，直低甘泉，使蒙恬通道，自九原抵甘泉，堑山堙谷，千八百里。"

经过半个多世纪的考古调查，可知秦直道是秦始皇统一六国后，为抵御北方匈奴的侵扰，倾全国之力兴建的两大防御工程之一，其规模和施工难度不亚于万里长城。秦直道南起咸阳北部甘泉山上的秦林光宫（今淳化县梁武帝村），沿海拔1600米的子午岭北行，经旬邑、黄陵、富县、甘泉、志丹、安塞、靖边、榆林，穿越毛乌素沙漠南缘和鄂尔多斯草原至阴山脚下的秦九原郡（今内蒙古包头市西），全长700多公里。因道路大体南北相直，故称"直道"。如果说长城是一面盾，那秦直道无疑就是一把剑。凭借这一通道，秦帝国的铁甲雄师从林光宫出发，三天三夜便可抵达阴山脚下，使匈奴"人不敢南下牧马，士不敢弯弓抱怨"，远遁大漠深处，数十年不敢露头。

秦直道在甘泉境内全长34.8公里处，由富县、志丹、甘泉的分水岭墩梁（海拔1625米）入境，经寻行铺、赵家畔、杏树咀、箭湾、高山窑子下山至安家沟村，过洛河，由方家河村西复上山，经老窑湾、王李家湾、榆树沟等地进

入志丹县境，接柏树畔段秦直道。

甘泉境内秦直道从箭湾到高山窑子段保存最好，路基一般在30到50米之间，最宽处达58米，可并排行驶14辆汽车。直道到高山窑子处遇山，从中开路，形成一座宽48米的垭口，垭口东侧的高地上发现有绳纹板瓦、筒瓦等建筑材料，疑为一处兵站。直道下山到安家沟村，过洛河处曾建有桥梁，现方家河村西仍存有桥墩建筑遗址，当地人称"圣马桥"，是秦直道沿线目前发

洇谷遗址。当年回填的土方已经流失，仅留下夯土墙屹立两千年不倒。

现的唯一的桥梁遗存。桥墩残高6米左右，桥基宽30多米，夯筑而成，夯层厚9～14厘米不等。在安家沟村临河的台地上发现一座大型兵站遗址，出土空心砖、回纹砖、云纹瓦当和大量绳纹板瓦、筒瓦等建筑材料。该兵站应是秦直道上过往军队休整和补充给养的地方。过"圣马桥"后，直道继续向山上延伸，由于此处为石山，又临深沟，为加宽路面，依山的一侧錾石开路，傍沟的一侧采用回填土方夯实的办法处理。现存的錾山遗址高20多米，石壁上秦代工匠錾石的钎痕依然清晰可见。洇沟遗址回填部分高达35米左右，夯层清晰，夯层厚9～12厘米。方家河段直道遗址是目前秦直道全程中存留的唯一的能真实再现2200年前秦直道"堑山洇谷"宏大工程的地方，弥足珍贵。秦直道的修筑显示出秦时高超的大地测绘、建筑规划、工程组织水平和劳动管理、行政效率等方

历经2200多年的风雨剥蚀、水土流失，直道路基依旧宽阔平坦，清晰可辨。

面的突出智慧。它在我国古代文化交流、民族融合等方面意义重大，与长城具有同等重要的历史地位和文化价值。2005年秦直道遗址被国务院公布为全国重点文物保护单位。

秦直道是世界上第一条高速公路，是世界公路史上的鼻祖。秦直道遗址甘泉段沿途林木茂密，风景奇特，可寻觅秦代的兵站垭口、亭鄣行宫，是徒步考古的理想之地。

秦直道甘泉段遗址

古寺庙和石窟

宗教是人类珍贵的文化遗产，古代寺庙、古代石窟既是宗教文化传布的重要载体，又是珍贵的古代建筑遗构。甘泉境内分布着北魏、唐、北宋、金、元、明各代建造的寺庙和开凿的石窟群20余处，是研究陕北地区古代寺院和宗教石窟及其布局、建筑、雕塑艺术等的不可多得的重要资料。

[云山寺]

云山寺位于桥镇乡25公里处榆树沟村西与志丹县交界的将台山赤壁崖上，是一座石窟寺，岩上有"狮天洞"、洞外有"云山寺"等刻字。寺坐西北向东南，始建于元至正年（1340年），重修于明永乐二年（1404年）春，时名"寨沟寺"。明正德十六年（1521年）更名云山寺。

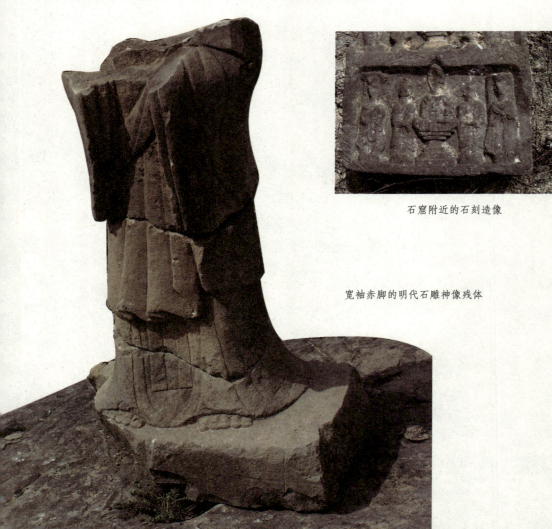

石窟附近的石刻造像

宽袖赤脚的明代石雕神像残体

悬崖上的云山寺　　　　　　　　　　　　石窟内的明代泥塑

　　将台山山势险峻，悬崖峭壁，石岩高70余米，从左至右有三洞。1号洞深4.5米，宽5米，高4米，有完整泥塑像15尊。释迦牟尼像高1米、胸宽0.5米；底座长0.82米，宽0.84米。护法像6尊，正面两尊，高1.5米，胸宽0.36米；侧面坐像4尊，高0.87米，胸宽0.45米，底座高0.45米，宽0.32米。洞内有重修云山寺记石碑一通。2号洞深5米，宽3.9米，高2米，有泥塑像26尊。正面塑七药师，旁绘八大菩萨、十二乐义、大将，两厢护法迦兰。云山寺泥塑造型准确，彩绘鲜艳，形象生动，姿态各异，是明代泥塑艺术中的珍品。特别是寺内的一通石碑上记载了秦直道的一些内容，为秦直道研究提供了重要资料。

[石门石窟]

　　石门石窟位于石门乡石门村西山悬崖上，坐北向南，背靠石门山，面临洛河。共有石窟2个。

　　1号窟深1.8米，高2.5米。窟中央坛基上为释迦牟尼石刻造像，高1.35米，阿难、迦叶站立两旁，阿难高1.9米，迦叶高1.85米。右壁上有 "敷政县大王录保官庄社石门子乐人王德仙女夫□□同法心扫摆游州以堂

2号窟壁上的石刻罗汉

供养国家□□等人□元二年五日（下残）"题记一方。

　　2号窟为正殿，深4.2米，宽3.75米，高2.85米，内有石刻像23尊。两壁有15尊罗汉造像。窟内有重修石碑一通，碑高1米，碑文曰："大明陕西安塞县纯仁里石门寺古迹，时弘治六年秋季七月十五日丁未吉日立。"弘治六年为1493年，石门寺在那时已为古迹，可见历史不短。从石刻艺术辨认，此窟为宋代石窟，明代重修。

石门石窟外景

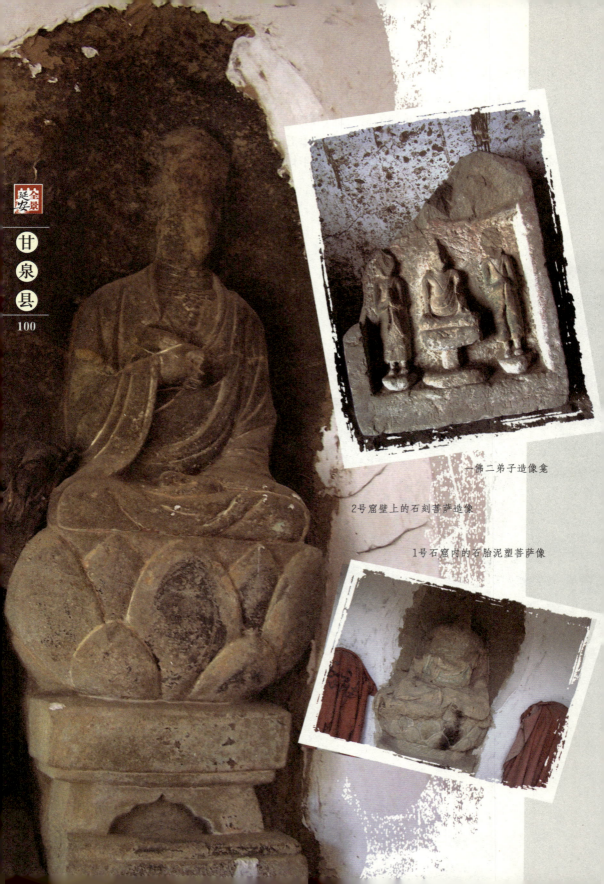

一佛二弟子造像龛

2号窟壁上的石刻菩萨造像

1号石窟内的石胎泥塑菩萨像

石宫寺山门

[石宫寺]

石宫寺又名闪宫寺，位于桥镇乡孟家洼村南，距县城65公里。寺院建在山间的红砂石岩上，坐北向南，由大小6个石窟组成，占地约10000平方米，四周柏树森然，宏伟壮观。正殿窟长6.1米，宽4.6米，有石造像25尊。大佛高2.6米，盘坐莲花台上。四壁浮雕菩萨造像25尊。坛基四角至顶部，四根方形石柱均有一条石龙盘绕，形象逼真。眼光殿窟深3.62米，宽3.16米，高3.14米。内有石造像47尊，壁刻造像44尊，门壁两侧各刻1尊天王造像，是珍贵的宋代雕塑艺术品。3号石窟建于唐永隆二年（681年），位于孟家洼村村西峭壁上，距地面5米，坐北向南，由毗诃罗窟和佛教石窟组成。毗诃罗窟上为宿室，宽2.5米，高1.5米，深3米；下为讲经洞，宽3米，高2.5米，深3.5米。佛教石窟宽1.2米，高1.56米，深1.8米，石雕造像5尊。正中为释迦牟尼，左立阿兰造像，右立迦叶造像，门两侧各雕天王造像1尊。

石宫寺1998年被陕西省人民政府公布为省级文物重点保护单位。

石宫寺一、二号窟

[老君寺]

　　老君寺位于下寺湾镇雨岔乡老君寺村后1公里处石壁上，占地6亩，坐北朝南，始建于北魏，宋、明两代曾扩修、重修。老君寺共有石窟12孔。1、2号窟各深1.23米，宽0.8米，雕佛像6尊；造像粗犷，衣着简练，脸部圆润，刀法苍劲，有明显的北魏造像风格。窟外有隶书题记一方，书体苍劲有力。3号窟深1.24米，宽0.75米，高0.8米，雕道教造像一组，造像粗放，遍涂彩绘，面部稍长，神态逼真，衣纹飞动。4号窟深5.7米，宽4.2米，高3米，顶绘八卦图案，雕三世佛。5号窟深3.9米，宽3.9米，高3米，雕佛像11尊，顶呈弓形，绘莲花瓣花纹。7至12号窟内雕像多风化，窟壁上绘有阴曹地府及十八层地狱壁画。

[香林寺]

　　香林寺又名弘门寺，位于县城西北50公里的下寺湾镇香林寺坪村北石山上，始建于唐玄宗开元二年（714年），因满山翠柏飘香而得名。寺院依山而建，洛水环绕，山势险峻，古柏森然，对面是敷政古城。唐代寺院已毁，仅见废墟。现存寺院为明成化年间和清道光年间所建，环山而建的有真武祖师殿、玉皇庙、九天玄女殿、观音阁、龙王庙等。寺院西侧的峭壁上石窟密布，大小70多处，窟窟相通，洞洞串联。有金轮圣王祠和元、明摩崖题刻五方。题记记载了该地元、明时期的自然灾害情况。每年农历四月十八，这里有传统庙会。

[白鹿寺]

白鹿寺位于高哨乡寺沟村东的白鹿原上，距县城15公里。寺院南靠山，北临洛河风景秀丽，传说皆因一对洁白的小鹿而得名。。据《延安府志》记载："白鹿寺建于唐大历年间，后晋天福年重建。"看来，该寺距今已有千年。寺院占地2.4万平方米，原有正殿6间、厢房18间，现均已坍塌成废墟。上世纪80年代曾发现许多珍贵石刻，均由县博物馆收藏。寺内现存三世佛、菩萨、天王、力士、罗汉造像和石狮、石塔、石鼓、石碑等。造像衣着简单，着通肩袈裟，似毡

寺院内采集的舞蹈纹雕砖

服，有党项族造像风格，是研究西夏佛教造像艺术的珍贵文物。寺院东侧有一棵植于唐代的古银杏树，虽已逾千年，依然苍劲挺拔，枝叶茂盛，见证着白鹿古寺的千年沧桑。

白鹿寺亦称众宝寺。传说有位高僧路过白鹿寺原，因困倦而梦见两只白鹿

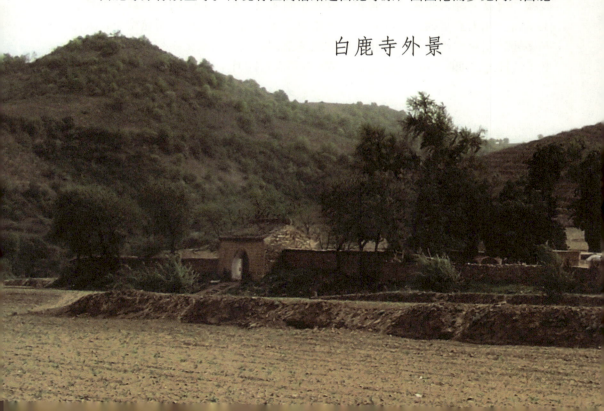

白鹿寺外景

这些石质雕像和建筑构件残体，诉说着白鹿寺当年的恢弘和经历的沧桑。

衔着银杏树苗和牡丹种子嬉戏，继而植于土中。高僧醒后，顿觉此地为佛教圣地，于是修建寺院，初名"众宝寺"。后来高僧觉得此寺兴建与白鹿有缘，又易名"白鹿寺"。

被风化的石窟内景

千百年的风化，把方家河石窟各个佛龛内的造像剥蚀得面目不清。

[方家河石窟]

　　方家河石窟群属唐代开凿的，位于桥镇乡方家河村北，开凿在甘志公路旁的石壁上。由12个窟龛组成。由于历尽千年，石窟风化严重。造像组合有一佛二菩萨二弟子、一佛二菩萨二天王以及蹲狮、力士等。另外，在洛河南岸的高崖上有窟门两侧凿有力士的石窟。方家河石窟北200米处就是秦直道遗址。

一佛二菩萨二弟子造像龛

石窟窟门两侧
的力士造像

洛河南岸高崖上的石窟

馆藏文物精华

　　甘泉县博物馆位于县城中心街，建于1998年，馆内展室面积120平方米，由"宋金画像砖专题展"和"甘泉美水文化展"两部分组成，是陕西省最早建成的县级标准化博物馆之一。馆内现收藏地质年代、新石器时代、商周、秦汉、唐宋、明清的各类历史文物和革命文物3100多件（组）。

红褐釉加绿彩陶器，均为西汉随葬品：

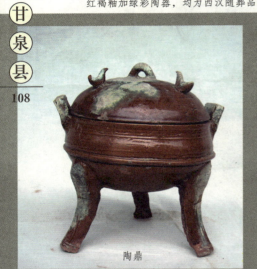

陶鼎

陶猪

陶灶

陶狗

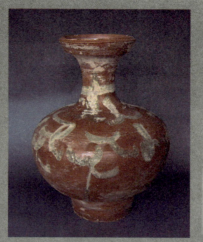

 小提示

【汉代釉陶】在器表施釉的陶器叫做釉陶。真正的釉陶始于西汉，发源于关中地区。汉代的褐红釉陶比较少见。尤其是甘泉境内发现的这些在红釉上以绿釉装饰纹样的釉陶，在其他地区罕有出土。这种复合彩釉的装饰技法，代表了两汉时期釉陶装饰工艺的最高水平。

部分馆藏文物展示

　　"参母齿指"石刻　曾参在山伐薪，母闻曾参杀人。"我子行孝，何杀人？"凡三传，母疑，乃咬中指。参忽心痛，归问。母曰："人云你杀人。"参曰："别有人与参同姓名，愿老母勿忧。"

宋金墓葬中出土的画像砖

小提示　　甘泉境内发现的宋金时期画像砖均出土于仿木结构砖室墓中，有方形和长方形两种，这些画像砖装饰手法多样，既有直接在砖面上摹印、压印、雕刻、剔刻图案的，也有先在砖面作桃形、方形或壶形龛，然后在龛内制作图案的。有些还在图案上涂红、白、黑色的彩绘。

铜镜

瓦当

铜鼎

釉陶残件

部分馆藏文物展示

猎虎瓦当

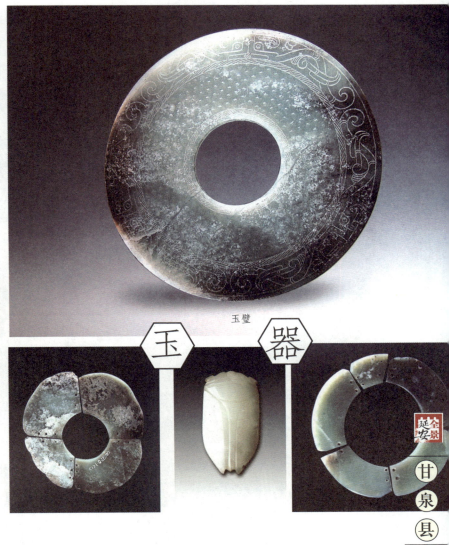

玉璧

玉器

延安全景

甘泉县

小提示

画像砖内容题材十分丰富，既有表现世俗生活的社火、秧歌、杂剧、舞蹈等，又有表现儒家孝悌、神话传说的二十四孝、烈女义妇故事，以及瑞兽、花卉等吉祥图案。甘泉发现的宋金画像砖地域特色显明，其构图饱满，富于变化，是珍贵的古代艺术品。特别是秧歌画像砖，雕刻风格简练粗犷，造型准确、生动，是研究中国秧歌起源和发展不可多得的珍贵实物资料

"唱不够的**信天游**，喝不够的**隋唐酒**"。陕北汉子**豪迈的性格**造就了甘泉独特的**美水酒**文化。

品味淳朴的

漫话甘泉的姓氏

甘泉可谓是依山伴水，气候宜人。境内寺沟"新石器文化"遗址、史家湾"龙山文化"遗址及"商周"遗址表明，早在新石器时代甘泉已有原始人类繁衍生息。各个历史时期，当地人民创造出丰富的民风民情。

在近代，清同治年初（1870年），地方官吏左宗棠、刘典、姜志章采用剿抚兼施的手段，将参加回民起义的群众及董福祥、扈彰领导的饥民起义群众多数安插在鄜县、甘泉等地。加之各地灾民大量流入甘泉，境内有来自百余个县的灾民定居。今道镇乡寺沟河高姓，原籍米脂。施家湾韩姓，原籍横山。城关镇麦地台、开家沟多居住靖边籍人。东沟乡府村全村200余人，有30余个县的人长期居住。1955－1961年，榆林地区各县两次移民，有千余人来甘泉落户，另有河南、山东等籍人定居。甘泉姓氏复杂，王、高、贺、宋、刘、白、魏、张等为巨族。

道镇乡寺沟多高姓，道镇村多张姓、丁姓。府安多万姓、毒姓、雷姓、魏姓。象鼻子湾多贾姓。甄家湾多甄姓。米家沟多贺姓、马姓。南义沟多高姓。麻子街多任姓、马姓、刘姓。

城关镇县城内多付、李、张、赵、刘姓，安家坪村多李、张姓。姚店贺姓，太皇山王姓，金庄张姓，关家沟赵姓、刘姓人众，县屯杜姓较多。

高哨乡南沟门多括姓、高姓，雷家沟村多李姓，高哨村多王姓，岳屯村多刘姓，油粉村多贺姓、张姓，砭上村多薛姓、王姓，枣林村多李姓。

石门乡石门村张姓，台庄李姓，梁庄梁姓，南曲湾张姓，海眼沟刘姓、李姓，王坪白姓、宋姓，魏家沟村魏姓，封家湾封姓等较多。

东沟乡背坡村罗姓，毛家庵刘姓，李湾村李姓较多。

劳山乡劳山村惠姓、孙姓，白土坡刘姓、苏家沟马姓、孙姓，许家圪坨贾姓居多。

下寺湾乡贺家湾多贺姓，下寺湾白姓、王姓，阎家沟白姓、聂姓，程家纸房程姓，柳河渠湾王姓，北沟渠门白姓居多。

桥镇乡柴沟河湾多马姓，柳落峪多刘姓，阎家湾多邱姓，桥镇多张姓，新庄科多王姓，葡萄沟多曹姓。

时光绵延，习俗犹在

[赶庙会]

甘泉庙会盛况

　　甘泉县古来有众多寺院庙宇，除著名的众宝寺、香林寺、灵掌寺、云山寺、老君寺、石宫寺外，还有诸如龙王庙、城隍庙、马王庙、牛王庙、娘娘庙、关帝庙、药王庙、山神庙、火神庙、黑龙庙等。这些寺庙大多举办庙会。庙会期间，四乡八邻的男女老少纷纷前去赶庙会。这一习俗流传至今，虽内容有实质性改变，多以物资交流、文艺演出为主要内容，但叫法和形式基本未变。

　　甘泉县的"庙会"，大都在农历二月二、三月三、四月八、四月十八、六月六、七月七、八月十五起会。如白鹿寺三月十八起会，石宫寺四月初八起会，香林寺四月十八起会。会期多为三至五天。过去甘泉县办会的寺庙有30多个，这家教会那家起。庙会期间，给神仙或佛祖献贡上祭、唱大戏，说古书，赶会者烧香焚表叩头礼拜，或祈祷祝颂，或布施还愿，毕了尽情看戏听书。

　　现在的赶庙会，虽然也有烧香拜佛的，但主要以观光旅游、民间文化交流、商品交易为主要内容。

　　现在甘泉境内举办庙会的还有十多处。会间，有戏剧、曲艺、杂技、马戏、电影、录像助兴，有台球、套圈、歌舞厅等娱乐场所，更多的赶会者则是买卖交流。如下寺湾香林寺庙会已办成了下寺湾乡物资交流大会，会间商贾云集，日上市摊位500余个，交易额达2万余元。这与传统观念上的庙会已大相径庭。

　　甘泉群众喜欢赶庙会由来已久。过去徒步赶、骑驴赶，拿上干粮，风吹日晒雨淋，渴累一天，兴致不减。现今骑自行车、坐摩托、乘班车、打出租车赶。庙会上饭摊餐馆比比皆是，谁还从家里背馍带水。多数赶会者看完夜戏才疲惫不堪地返回家，但次日来了精神，重又踏上了赶会的路程。

甘泉县

119

[转九曲]

甘泉城乡元宵之夜转九曲,别开生面,红火热闹。

正月十三四,人们就开始用高粱秆或竹竿在宽阔场地围九曲方城。九曲城的围制既简单又奇特,按一种固定且奇妙的曲线把高粱秆用绳子规则地连接起来,横竖各19行,共361个杆,每杆顶端设置一个灯盏,除中心杆为"老杆",置中心灯外,其余360盏灯,表示一年360天,每天一盏灯。灯盏制作就地取材,或萝卜、或洋芋,以煤油为燃料,城郊九曲灯多以蜡烛取代。每盏灯间距均为2米,便于游人行进。

转九曲

九曲门朝南开,并列两门,右进左出,门上设六盏灯,取义"六六大顺"。大门多用柏枝,扎成,柏叶有清香,去晦气。柏枝上再彩饰乔装,显得喜庆。门上多贴传统对联,如"一轮明月千家乐,九曲黄河万盏灯"、"皓月一轮洒银辉,红灯万盏放光明"等。

元宵之夜,人们纷纷前来转城观灯。观灯游转路线迂回曲折,每一个相似的线路,俗称一个城子,全城共分九个城子,即九曲回廊,进退连环,径不重复,故曰:"转九曲"。据说九曲城线路是根据《封神演义》里黄河阵图设计的,因黄河九曲而得名。九个城子有九道门,其名称依次为东方门、西方门、南方门、北方门、中方门、太阳门、太阴门、罗睺门、计都门。传说九个城子居住九位神灵,如中方城住着太上玄元祖师。

转九曲时,由唢呐鼓乐领头。进门时,秧歌队伞头先唱传统内容的秧歌,后入城,观灯群众依次缓缓行进。其景象十分壮观:灯光闪烁,彩旗飘扬,鼓乐喧天,观灯人流熙熙攘攘,川流不息。进城的、出城的互相照面,但不相撞。转至中方门时,场面最为热闹,有烧香还愿的,有取土祈福的,有叫魂喊灵的。老杆下设一小塔,立有布施斗,游人全都要丢进钱币，以示诚意敬神，暗暗祈盼当年时运好转，一帆风顺，平安无事。中方门过后，便踏上出城线路。有一首古诗描写九曲景观，其诗句句见"灯"与"月"，绝妙之至："圆圆明月灯千盏，灼灼灯中月一轮。月正明时灯正新，灯月交辉明如银。月下观灯灯富贵，灯前玩月月精神。今宵月夜灯影里，尽是观灯玩月人。"

群众十分喜爱转九曲，说是元宵转九曲，一年百事顺。

[合龙口与立市]

甘泉城乡居民祖祖辈辈住窑洞，住瓦房者甚少。进入现代文明的今天，城镇居民部分因地制宜，有建楼房的，有盖平板房的。但不论哪种房窑，在修建中，都少不了一道程序即"合龙口"，这一习俗沿袭久远。

合龙口为箍窑告竣时的一种庆典仪式。过去人们给合龙口寓以浓厚的迷信色彩，经过合龙仪式，祈求神灵保佑日后常年坚固，经久不坏，入住以后安宁

无事。同时，借此机会感谢匠人，庆贺家业兴隆。现今"合龙口"或上梁、封顶已成为一种风俗习惯，庆贺成分增强，传统的迷信色彩淡薄。

箍石窑、砖窑过顶时，在最中间一孔窑洞顶部面石内侧凿一小洞，紧次面石处留一小缺口，谓之"龙口"；将事先准备就绪的石料或砖料放置一旁待用。古时选黄道吉日，举行合龙口仪式；现多在工程进展当日举行庆典，但时辰均在正当午时，取义红日高照，吉祥如意。

举行合龙口仪式时，张贴写有"奠基适逢黄道日，合龙恰遇吉利时"，"天合地合龙口合，年通月通时运通"等传统对联。箍窑大师傅主持，并走上垴畔，站在龙口处，把盛有两个大喜馍、许多小馍馍、红枣、花生、铜钱、硬币、五谷等东西的"宝斗"，用红绸布从院子往上吊，同时，口中不断念叨一些传统的吉利话："吊宝斗，合龙口；吊金斗，吊银斗，鲁班留下合龙口；宝斗吊得高，银子往回跑；宝斗吊得低，票子往回飞……"宝斗吊到垴畔后，大师傅将一个喜馍留给自己，把另一个喜馍向下抛，窑主家急忙用衣襟承接。大师傅仍在祝颂："接住荣华富贵，接不住富贵荣华。"随即将斗中的杂什抛撒院落四周，围观者嘻嘻哈哈抢拾，一片热闹，大师傅嘴里仍在念念有词，祝福送吉。这套仪式完毕后，大师傅即在石洞中放置书、砚、柏木片等物后，大声祝祷"合龙大吉"，随即将砖石吻上，至此合龙结束。主家鸣放鞭炮，皆大欢喜。院子内外一片欢腾景象。

如果是盖房上大梁，则称"立木"。大梁中间裹块红布，绑一本书和一双红筷，成十字架形。梁下劈平写主人、匠工姓名及建成日期和"青龙扶玉柱，白虎坐中堂"对联，并写"上梁大吉"等吉祥语。上梁毕，主人宴请匠工，赠工头红布或被面1块谓"挂红"。

合龙宴席是十分讲究的。窑主家提前准备丰盛的酒肴，龙口一合，即行开宴。席间，工匠们，前来贺礼的左右邻舍、亲朋好友及主家共同开怀畅饮，一醉方休。席散后，主家给大小匠工馈赠些许礼品，当日不再施工。

[面条待客]

陕西民间吃面食较多，因此面条的花样百出，在甘泉当地百姓也是对面食情有独钟，他们会热情地做出各种面食饮食来款待贵宾，以示敬重。如剪面、扯面、干面、喜面等。其中有的一些做法、吃法内含礼仪，久而久之形成一种优雅的风俗。

和面

面条待客

团面　在家人如丈夫或儿子出远门时，全家人一齐吃这种面，表示给外出的人祝福。做法：将煮好的长面条盛入碗内，再加入调料、蔬菜之类，香气四溢，热浪滚滚。

　　寿面　在家中为老辈人过生日祝寿时吃的面食。做法：面条要做得细长，煮好盛入碗中，洒上香菜叶，加入调好的鲜汤进食。

　　红面　表示吉祥如意，新的一年日子越过越红火兴旺。一般都在每年最后一天吃这种面食。做法：把面擀好切成粗细均匀的长面，煮熟盛进碗里后，调进葱花、蛋花、香油、红辣子油，其味香，面呈红色。

　　蛋面　一般是丈母娘为新婚的女婿煮这种面，表示喜欢女婿。做法：把面条煮熟后，再往锅里打若干个鸡蛋，调好一起捞出来吃。

　　粥面　一般为每年腊八吃，俗称"腊八粥"，表示旧的一年已经过去，新的一年一定会丰衣足食。做法：首先把绿豆、黄豆、萝卜、花生、杂豆煮成八成熟，再把面擀好切细，放入锅里一起煮，熟后加入佐料。

　　冷面　表示不动烟火，用于纪念不求荣华富贵、不谋官职的晋国著名人物介子推，一般在清明节前后吃，人称"寒食"。但在炎热的夏季，吃这种面食也较普遍。做法：将面擀好切细，煮熟后放在冷水中冷却，然后捞出控干冷水，盛入碗中加调料进食。

一年里的传统节日

　　"十里乡俗不一般"，不是名言，却是格言。甘泉县城乡群众在农历的一年四季里所过的传统节日与周围差异不大，节日习俗虽非迥然，却自有特色。

　　正月初一，俗称"过年"。老人点头辞旧岁，小孩拍手过新年。这一天是一年中最隆重的传统节日，因而举家欢庆，其乐无穷。此日，客子尽可能赶回家中，合家团聚，共度吉日。凌晨，人们便添油秉烛，燃放爆竹。早晨先吃

"更岁饺子"。饺子内包有小硬币，其数与家人相等，谁先吃到谁最有福；谁吃到得多，谁福分大。饭后，小孩们到同堂长辈家拜年，挣年钱。除小儿无拘无束，任意串门外，大人一般不出远门。

初二，给舅家、岳丈家拜年或探亲访友。初三开始组织、排练春节秧歌。初五俗称"破五"，意即之前五日均不动工具，不干活，之后才破例，开始动家什杂器。初六，过小年。初七称"人七"，俗传凡人的魂灵在除夕晚上升入天界，这天晚上返还下界附体。

正月十五，元宵节，家家户户包元宵、吃元宵。白天，各路秧歌队表演、

给长辈拜年

会演达到高潮；晚上，观灯转九曲。十六，晚上院里架柴打火，把衣、被、灶具等在火焰上燎一燎，谓消灾祛病，四季平安。火焰稍低时，家人争相跳跃火堆，谓"燎百病"。

正月二十三，迎接灶君归来。俗传各户灶君爷腊月二十三日晚升天，到玉皇大帝处开年终会言善事，一月之后，下凡各守各位。是夜，院落仍打火，火将熄时，拨火12堆，排12月份，哪堆先灭，谓哪月雨水多。次日晨，在灰烬中寻觅五谷，有哪种粮食，即谓此作物丰收。

二月二，"龙抬头"。早饭时给龙子送汤于大门口。日里，男人小孩均要剃头、理发；妇女要拔脸、洗头，取意与天龙一起行动，轻装上阵。

三月清明节，家家涮煎饼，调凉拌豆芽菜。饭后上坟扫墓祭祖，陵园植树。先一天，即"寒食节"，部分家庭捏些面食动物、昆虫之类，称"捏燕"或"蒸花花"。

四月八，佛祖释迦牟尼诞辰日，农村庙会旺盛。乡民都记得这天，但只是吃一顿好饭而已。问及什么节，男女老幼都知道是"四月八"。

五月初五端阳节，又称"端午"。城乡包粽子、煮粽子、互送粽子。当地吃粽子源于战国时屈原汨罗江罹难，楚国臣民怀念，以粽祭之。清晨，男人们太阳未出，或

杀羊过节

上山拔艾，插于门首，或下河洗浴手脸；妇女们要给儿女们把先天晚上赶制的香包、艾牌、五彩绳戴拴于手、脚、脖处，皆取意驱邪避难，防虫防毒。大人则喝雄黄酒，以消灾祛病。

六月六，甘泉麦熟羊肥，城乡群众皆知一俗语："六月六，新麦子馍馍炖羊肉"。家家都要吃一顿好饭，纪念夏粮丰收。农村有"六月六晒古衣"之说。

七月七，民间传说鹊桥牛郎织女相会，若下雨，则鹊桥会面相啼，泪洒尘埃。又称"乞巧节"，姑娘们躲在葡萄架下听牛郎织女私语，为学做女红乞巧也。百姓只记此日，不过此节。

八月十五，中秋节，城乡同庆。中秋月最圆，又称团圆节，各家各户吃月饼。这天烙饼子、炖羊肉几乎是每家餐桌上的主要菜食。甘泉吃羊肉从来不剔骨，不熬汤，不包馅，而是连骨剁块，然后炖煮，每人一大碗，量大者三碗不放筷。另有"八月十五滴一星，正月十五雪打灯"之说，即此日降雨，来年正月十五必有雪。

九月九，重阳节，四海共庆，家家敬奉高堂长辈。又称："九月九，家家有"，秋收归仓，粮足钱丰，家家喜庆，自然要以食相犒，好吃好喝了。

十月一，进入冬季，天气渐寒。慎终追远，纪念已故先人，故有"十月一，送寒衣"之俗语。这天，上坟培土、烧纸，给先祖列宗送钱添衣。

小档案

秧歌拜年是陕北年俗中独特的风情。春节期间，村村都组织秧歌队，挨门逐户拜年，在这里俗称"沿门子"。秧歌拜年首先是谒庙敬神，祈祷一年风调雨顺、五谷丰登，然后到各家各户拜年。秧歌队每到一户，伞头触景生情，即兴创作，自编唱词向主人祝福。如"进了大门抬头看，六孔石窑齐展展，五谷丰登人兴旺，一年四季保平安"之类。

一年里唯独十一月无节。

腊月初八，俗称"腊八"，要吃五色原粮煮的"腊八粥"或叫"腊八饭"。二十三日，欢送灶君爷爷上青天。入夜，院里芦柴打火，屋里厨下给灶君烙"干粮"（饼子），灶前点灯火，贴对联，后燃放爆竹，祈灶君爷爷"上天言好事，回宫降吉祥"。月尽即除夕，过年的气氛笼罩大地。早饭后，上坟

祭奠。下午男人们担满水缸，劈足柴禾，清除垃圾，打扫环境；女人们剪贴窗花，张贴年画、春联。晚饭过去多吃小米捞饭，俗称"隔年捞饭"。夜幕降临，放火，点灯，鸣炮，燃花。后举家团坐，开席吃八碗，俗称吃"年夜饭"。同时要炸油糕、油馍馍等，即"安油锅"。除夕之夜要守岁、包饺子。小孩睡着后，枕下放"压岁钱"；老人困顿，和衣而眠；年轻者皆畅谈阔论，通宵达旦，称为"守岁"。

从小到老全是喜

成家立业、繁衍子孙、尊老爱幼，这些是甘泉民风民俗中的核心思想，它反映了几千年来中国传统的道德观念，而这些思想观念每每体现在每一个习俗的细节之中。

[满月]

小孩满月时，主人摘去门上标志（红布），请亲朋、村邻送汤者前来祝贺。旧时贺者送面蒸鱼8条、花布3尺，给小孩戴红线锁、项圈，希望他平平安安长大。如今多送钱或小儿衣帽等，说些夸赞宝宝的话，主人设宴酬客。

抬花轿

[嫁娶]

甘泉旧时无婚龄规定，多为男17～18岁、女15～16岁结婚，也有男15～16岁、女14～15岁结婚者。订婚年龄不等，有7～8岁或11～12岁订婚者，也有出生就订"娃娃亲"、"奶头亲"者。1950年颁发了《中华人民共和国婚姻

法》，规定男20岁、女18岁为结婚年龄。1976年后，提倡晚婚晚育。1980年，颁发新的《婚姻法》规定，男22岁、女20岁为结婚年龄。实际上夫妇同龄或女大男小者并不鲜见，老夫少妻者为数甚少。

1950年以前，男女婚姻凭父母之命、媒妁之言。婚前互不见面，由媒人穿针引线，介绍情况。请人"合相"，讲究犯月者不提（即正月蛇、二月鼠、三月牛），相克者不提，门风低者不提（指有狐臭）。如双方基本同意，男方前往女方提亲，并约定见面、看家的日期。目前，这样的民俗在甘泉境内仍然存在，只是内容、形式、思想境界有了改变而已。

订婚 男女双方同意后，男方择吉日，媒人同男方父亲或叔父、舅舅、兄长等，带烟酒、肉和定亲衣到女家定亲。女方通知本族近门诸户，会集家中。由双方议定订婚衣物和财礼，若有争执，媒人从中撮合，意见统一后，便喝定亲酒。女方备菜，男方备酒，先由媒人给双方父亲斟酒碰杯，后给户族诸位斟酒，双方父亲给媒人斟酒酬谢。男女双方互给父、母、媒人一一斟酒。接着畅饮阔谈到深夜。走时，女家用空酒瓶装少许咸盐、麦子交男方带回，俗称"接上言发"。又给男方一顶帽子（如今用围巾替代）、一条裤带，称"长命带子"，还给1双鞋，称"稳跟鞋"。

商话 男方父亲择定婚期后，带烟酒及所欠订婚财礼，到女方家言明何时结婚迎娶，称"商话"。交清所欠礼物称"圆彩礼"。女方收下礼品，互相斟酒痛饮，即示同意。遂议定结婚迎娶事宜，分头准备。

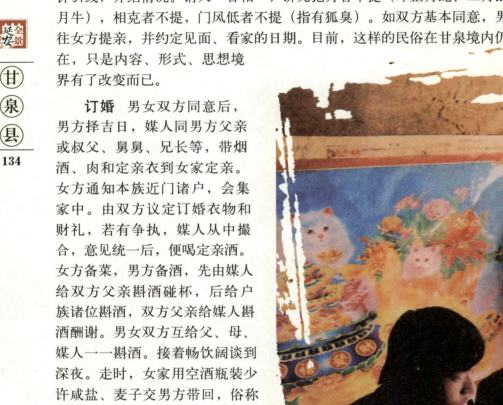

结婚 旧时结婚迎娶用花轿，由4人抬，也有用牲口扯轿的。上世纪50年代，结婚迎娶骑驴或乘坐畜力车。70年代后，骑自行车或坐手扶拖拉机。80－90年代，多用小四轮拖拉机、吉普车、面包车、轿车等迎娶。男方前往女方迎亲者为6男2女。女方酒饭款待后，即行"上轿"仪式，由舅家将新娘抱入轿内或车上，母女啼哭，依依惜别。起程时，鸣号奏乐，鞭炮齐鸣。新娘由16人

亲婚喜宴上，年轻人乐于帮助上菜。

陪送。迎亲者在前，新娘居中，送亲的在后。当临进村院时，男方母亲避见新娘，坐在新房炕上，怀抱枕头，静待新娘进院，称为"抱孙子"，目的是祈求早生孙子。

拜天地 旧时结婚兴拜天地。即在院中设香案，供奉祖先牌位，桌子上放"福斗"，斗内装麸子及五谷、竖插尺子、织布梭、大花枣馍、挂镜一面。轿到院内，鼓乐、鞭炮齐鸣，宣读落轿方位和有妨碍的相属。落轿后，由女方舅家将新娘接下轿，扶到铺好的毡子上，由两女人左右相扶，款步缓行。男方有人负责倒毡，行到香案前，夫妻跪地，由执事人主持拜天地、拜祖先、拜双亲。夫妻互拜后，奠酒、烧香。随之请送亲的娘家人坐桌，喝下轿酒。

入洞房 拜完天地后，新娘一手扯住红绸子的一头，新郎一手抱着"麸

（福）斗，一手"扯住红绸子另一头入洞房。待新娘进洞房时，揭其盖头，新娘抢先坐在新婚被褥上，俗称"坐福"。后由引人妇女将新娘头发搭在新郎头上梳一下，遂盘新娘头发，称为"上头"。

闹房　男方女婿、嫂、弟、祖父、祖母等，会在当晚到洞房给新人出一些吃喝耍笑、不拘一格的题目，新人羞羞答答一一应付，到深夜方散。

拜人　次日早饭后，院中设香案，召集亲朋，按辈次排好顺序，由新婚夫妇一一叩拜。

谢客　中午时分设宴席招待宾客，新娘、新郎前往各桌斟酒致谢。席散客朋起程，主人一一相送，称"发客"。

回门　新娘与送人的同行返回娘家，称为"回门"。新郎由姐夫相陪前往女方家，晚饭给新郎吃饺子，称"捏嘴"。能耍者，则给新郎端包有辣子、盐块的饺子，测试智能。次日，新郎由人陪同给女方本族长者逐门叩拜，称"认大小"，早饭后返回。

随着时代的进步和生活水平和节奏的提高、加快，结婚仪式逐渐演变，时间紧缩，礼仪从简，以鞠躬代跪拜。提倡婚事新办，旅游结婚。

谢客

[生育]

　　过去妇女生育临产，娘家母亲前往照料。孕妇不出门，不见生人，不让人知道，意为忌难产。乡村妇女分娩多由产妇母亲或接生员接生，难产或距医院较近者，才请医生接生。如今的乡镇都有卫生院或医院，绝大多数产妇在医院分娩。

　　按旧俗，婴儿落地，用备好的衣服裹起来。产妇背垫被褥倚坐，以防血晕，多喝红糖水，3日内不吃过硬饭食。家门悬挂红布，表示得喜，明示"月窑"，外人避进。如生男孩挂弓箭，生女孩只挂箭，不挂弓。娘家送米、面、

挂面、鸡蛋等，称"送斗米、斗面"。给女儿做一条裤子，称为"下炕裤"。亲自照料女儿，称"守月子"。亲朋邻里送礼品看望，称"送汤"。产妇给家母做件裹肚谓"抱孙子"。女婿给岳母送一条裤子，并给接生者红布2尺或毛巾、枕巾、鞋、袜等，表示感谢，意示"挂红"、"冲喜"。随着医疗条件的改善和科学知识的普及，甘泉城乡普遍实行医院分娩、科学育婴，一些传统礼仪做法也只流于形式。

[祝寿]

甘泉乡俗，受祝者须双亲已故，且年过60岁。一般祝60、庆80大寿。祝寿盛况因家境不同各异。旧时官府、绅士、富豪人家过寿，一般庆贺1－3天，并请戏班子演出助兴。贺者在寿日持礼物光临，主人在家设香案，夫妻先拜祖先，后儿女、亲朋等献寿礼。寿礼尽冠以"寿"字，有寿屏风、寿巾幛、寿联、寿衣寿帽或糕点酒肉等。受贺者身穿寿服，头戴寿帽坐在香案前，儿女依次跪拜。礼宾先生行寿礼，献祝文，表彰寿者业绩。拜毕设宴庆贺称为"寿宴"，酒席多为八大碗菜肴，意为"八仙庆寿"。而且要吃面条，面条细长如白须，谓之"长寿面"。如今祝寿习俗沿传，但礼仪从简，多以钱为贺礼，主人设宴招待。

名优特产

[甘美矿泉水]

甘泉甘美矿泉水公司是甘泉当地产业以及甘美水为原料。甘美水位于甘泉西南7公里处美水沟中。据《甘泉县乡土志》记载："隋炀帝游猎于此，偶饮次水，顿感心旷神怡，遂扬名。后为隋唐两代皇宫享用。用其水做肴馔，虽暑不变，煮茶，清香光滑。用其水酿酒，甘醇凛冽，沁人心脾，令人荡气回肠！"

经陕西省矿泉水技术鉴定委员会鉴定，甘泉美水锶的含量0.41～0.44毫克/升，达到《饮用天然矿泉水》国家标准界限值，并含有锂、锌、碘化物、偏硅酸等多种有益于人体健康的微量元素和化学成分。其观感指标、理化指标、细菌指标、毒理指标、放射指标都符合饮用天然矿泉水国家标准的要求，属含锶的重碳酸钙镁钠型饮用天然矿泉水。

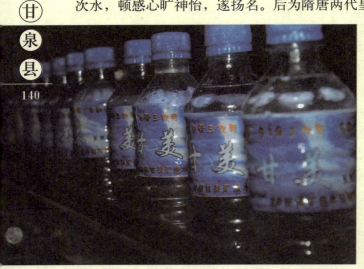

甘美矿泉水

甘美矿泉水公司历经三年完成了前期投资工作，使这股历史名水成为服务人民的甘甜之水。"昔日帝王饮用，今朝百姓口福"。这是美水历史的写照，故取甘泉美水之精华，得名"甘美"。甘甜醇美的矿泉水遂成陕北当地名特产。

[隋唐玉液酒]

在甘泉当地流行一句话："唱不够的信天游，喝不够的隋唐酒。"的确，黄土高坡风情，红色革命摇篮甘泉，有着陕北汉子豪迈的性格，因此造就了独特的美水酒文化。

2005年，隋唐玉液酒被批准为陕西省委办

隋唐玉液酒

隋唐美酒
玉液龄泉

宫厅指定接待用酒；2006年"隋唐玉液酒"被评为"陕西省名牌产品"。在2006年延安市食品药品企业管理等级评定和陕西省白酒生产许可证审核中均达到"A"级。2007年元月，陕西省白酒协会组织的产品品评中，"1935会师宴"和"隋唐玉液五年陈酿"被评为"优质创新白酒"。

甘泉县

隋唐酒香　美水流长

[糜子米酒]

甘泉糜子米酒采用陕北优质软糜子和闻名于世的甘泉美水经发酵工艺精酿而成。该产品富含多种对人体有益的氨基酸、蛋白质和微量元素。酒色呈黄金色泽，口感醇香甘美，回味悠长。

糜子米酒

[甘泉黄酒]

黄酒酿造历史源远流长，据史料记载"始于周，兴于秦，盛于唐"。迄今已有2000多年的历史。

甘泉刺榆酿酒有限公司选用陕北高原特有的软糜子，更借当地得天独厚的山泉优良水质，开发酿造的刺榆牌糜子酒系列：黄酒、米酒、稠酒共三大类十一个品种。甘泉黄酒不含任何添加剂成分，品质纯正，味感爽口。色呈橘红、金黄两种，晶莹剔透。实为馈赠亲朋、请客送礼、老少皆宜的绿色保健饮品之上乘！

【黄酒的饮用】夏天可冰镇或加冰块饮用，清凉爽口，心旷神怡；冬季加温至30℃左右香味四溢，令人垂涎欲滴；启盖后尚未喝完余酒应在5℃以下低温保存，以防酒中酵母菌的二次发酵影响口感。

[甘泉红小豆]

在甘泉，种植红小豆由来已久，历来以粒大、色艳、颗圆著称，深受客商青睐。

1992年秋，一场红小豆大战，让生产者、经销者均饱尝甜头，同时也唤醒了甘泉的农民们。根据市场调查，经科学预测和论证之后，甘泉县委、县政府果断决策，把红小豆作为强县富民的 一项主导产业，适时提出人均"三亩粮二亩豆，半亩烤烟半亩油"的农业生产格局。仅此一项，全县农民人均收入达到400元以上。雨岔乡桦树沟村29户都种了红小豆，户均收入1000元以上，其中有

晒红小豆

8户收入均在万元以上。全县红小豆收入万元以上的农户在300个以上，最高的农户收入竟达5万元。刚入10月，廊坊、天津、渭南等地上百名商贾云集甘泉，出现了史无前例的抢购红小豆风潮。红小豆一时在甘泉城乡火爆，价格一扬再扬，最高上涨到每公斤5.36元，仍不能满足客户的需求，使全县5000多吨红小豆不逾一月，销售一空。

红小豆的走俏，给甘泉城乡带来了特殊的"红小豆效应"。县供销总公司、粮贸总公司和食品公司四大国有企业经销红小豆总量达2500吨，经销总额达1125万元。仅麻袋就销售3万余条，总价值达15万元，盈利2.4万余元。县食品公司经销红小豆扭亏增盈，净增利润3万余元。

[甘泉豆腐干]

千百年来，甘泉人民利用甘泉美水，采用传统工艺加工制作的美水豆腐干已成为陕西地方名牌传统食品。

珍品豆腐干乃昔日王宫佳肴。其秘诀在于"三优"，即水质优、土质优、豆质优。甘泉的土质宜于种植豆类，浇灌的水质也好，生产的豆子饱满、细嫩，含油高，是制作豆腐的上好原料。而制作豆腐的美水清澈无杂质，软性，所以制出的豆腐属于上品。

在甘泉民间，一千多年来，一直流传着隋炀帝吃豆腐干的故事。又到了夏天，隋炀帝御临甘泉美水山庄，地方官员和百姓进水贡食，第一道佳肴自然是美水豆腐。隋炀帝食之频频点头，称赞连连。甘泉豆腐究竟好在哪里呢？"甘泉豆腐水上漂，穿挂马尾烂不了"的民谣便是佐证。

甘泉豆腐干

甘泉制作的豆腐干外观细腻，富有弹性；内在坚嫩，营养丰富；烹煮煎炖，任意调制，不变形，不落末，还有一定的保鲜期。古今过往客商，必于甘泉小住，若购得几串豆腐干和几两白酒，其得以之情溢于言表。甘家豆腐干现已畅销延安，直销西安。

豆腐干是豆腐的深加工产品，其制作工序较多，但工艺简单。取适量花椒、大料、姜片扎入纱布包，与定量食盐投入凉水锅，旺火煮半小时。豆腐切二寸见方小块，置入料汤，改用文火煮40分钟，将豆腐块捞出，晾晒六至七成

145

这里是豆腐干一条街

干，用细绳穿串挂晒，干后即成。食用时泡软，可切丝、条、片、块、丁，拌凉菜，或配肉爆炒，是佐酒佳肴，也是家常便饭中的上等菜，其外色墨绿如翡翠，内在油质丰富，醇香耐嚼，甘味悠长。

随着人民的物质生活富裕宽绰，品位档次提高，豆腐干的市场需求量不断增长。为了满足市场需求，甘泉县有关企业先后引进包装和保鲜技术，应用烤箱烘干工艺，加快生产速度，进一步提高了产品质量。目前，甘泉豆腐干市场行情依然供不应求，十分紧俏。

[甘泉红烧带把肘子]

甘泉的带把肘子很有名，称得上是甘泉县和延安市的第一大菜，风靡陕北，还有顺口溜说："红烧肘子带把把，香透肠子谁不夸。"更有人说："到甘泉而未品尝带把肘子，等于没来甘泉。"

甘泉红烧肘子的发明人是高东巨。早在上个世纪70年代初，他在下寺湾当厨师时，就把甘泉历来在红、白喜事宴席上必备的红烧肘块，改为红烧带把肘

红烧带把肘子

子，受到食客们的交口称赞。这种肘子的特色在于一个"透"字，而且是"看透"和"透肠子"，也就是香气诱人、食而不腻。这种做法的带把肘子很快被城乡各饭店、餐馆效仿。以后，高东巨进一步潜心改进，越做越精，从而形成一道甘泉特色的风味菜。

红烧带把肘子的制作程序并不复杂，但要掌握其中的诀窍并非易事。要做得地道、正宗，必须经过师傅的指点和长时间的临案操作，方能把握关键环

节，掌握要领。其理论程序是：将猪肘子带把，去毛眼，刮洗干净，放入加有食盐、大茴、花椒、姜片、草果等佐料的汤锅，煮至八成熟捞出，晾干水分，用蜂蜜遍抹，入油锅炸至起泡为止，再放入原汤中煮至皮软取出备用。食用时用象眼刀法将肘肉切成菱形块状，将葱节、蒜瓣、姜片、花椒放入盘底或肘子上，撒少许精盐、味精、酱油，入笼蒸50分钟后取出去汤，以木耳、西红柿、玉兰片烧羹汤，勾芡汁后浇肘子上便成。精心制作的带把肘子，色泽枣红，口味纯正，油而不腻，酥烂清香。

[劳山烤鸡蛋]

劳山川一带森林茂密，水资源丰富，田野放养鸡成为农民致富的主导产业，纯天然山养鸡和鲜蛋愈来愈受到消费者青睐。劳山烤鸡蛋作为深加工食品，愈来愈得到更广泛的消费者的认同，其附加值日益明显，而且越制越精。每一颗劳山牌烤鸡蛋均选用上等山养鸡蛋，经过多道工序烤制而成，不添加任何防腐剂及人工色素，外形美观，蛋黄沙暄，柔中带脆，越嚼越香。蛋清可任意配菜，煎、炸、爆、炒、烙、涮均美味可口。含有多种维生素、蛋白质和钙。无论是早点、午餐，还是朋友聚会、旅行、走亲访友，买上几盒，或自用，或送礼，都是不错的选择。

劳山鲜鸡蛋

劳山烤鸡蛋

民间风味小吃

甘泉人民历史上以面食为主，经过祖辈相传，在面食的吃法上创造了许多花样，抿节儿、油糕、凉粉、荞面饸饹、油馍馍、洋芋擦擦、鸡丝杂面、荞麦煎饼、苦菜粘洋芋、干豆角腌猪肉、南瓜饼等等，真可谓五花八门。

[抿节儿]

抿节在陕北方言中读"抿节儿"，也写作"抿尖"，是甘泉的著名小吃之一。抿节用的面是由豌豆和小麦磨合而成的杂面，将和好的面团放在密布筛孔的特制抿节床上，用手掌抿压而下，成一寸来长的小节，呈扭曲状。食时将抿节下锅煮熟，浇以素汤。汤内要有豆腐丁、土豆丁，并佐以韭菜、芝麻、辣酱、香菜等。其味清淡可口，带一股豆香味。

吃时别忘了要上一壶陕北米酒，这种用软黄米加工成的酒酸甜适口、消腻暖胃，是冬季佐餐的美酒。有一位诗人在他的《回延安》诗中赞道："一口口米酒千万句话，长江大河起浪花。"足见陕北米酒的诱人之处了。

如果来到甘泉农家，主人用抿节招待，那就是把你当贵客了，那真是别有一番风味一片情。

[油糕]

油糕又叫年糕、枣糕，是甘泉最具代表性的地方风味小吃之一，用糜子面、大枣精制而成，经植物油炸，其味清香细腻，香甜可口。

甘泉山区大面积的丘陵半坡地，比较适宜抗旱性强的黍子生长。黍子去皮糠成黄米，可做粥，磨成粉做油糕吃最为讲究，

油糕

各宾馆饭店均作为地方特色风味小吃。当年中央红军胜利到达陕北，延安人民就是用油糕来款待红军将士的。陕北民歌《山丹丹开花红艳艳》中对此有着生

动的描述。

人们寻常不吃油糕，只有在生日、祝寿、婚嫁、丧礼、待客、盖房时才吃。做糕一般采取撒蒸办法，即把面放在大容器中，拌成略干的面块垒，蒸圈放在大锅上，将缝隙封严，底笼先铺一层面团蒸熟，然后揭开锅，一边加火，一边往笼中撒湿面，哪里冒气往那里撒。撒完只需盖锅十来分钟，便成面团。面团出笼时手蘸凉水（用碱水），以极快的速度插入粘烫的糕面中，拖下一块往抹了水的大案上一摔，再蘸一把凉水，揣揉成一光溜的面团后，挤成一圆片，包上红糖、枣泥等，入油锅一炸，外脆里软、筋绵香甜的油糕便做成了。油糕色泽金黄、细腻柔软，保存期相对较长。食用时佐以白糖和粉汤，味道更佳。

[凉粉]

凉粉亦是甘泉风味小吃之一，尤以荞麦糁子凉粉为著称。一年四季皆可食用，盛夏时节最佳。凉粉清爽可口，酸辣香味俱全，有消暑止渴之效。

传统的做法是将上好的荞麦糁子拣净，盛在容器里，拌上水，渗一晚上。第二天将渗好的糁子碾细，再加上水，分成若干份用手在案上逐份反复擦，边擦边沾水，擦得面团非常粘且不粘手，然后放在容器里。所有的面都擦好了，加上水搅成糊状，根据凉粉的多少，在锅里倒一定数量的水加上慢火，将面糊边用细箩过滤在锅里，边用擀杖搅动，搅动要顺一个方向，不能逆向乱搅，否则作出的凉粉就成了糊糊。面糊全部用细箩过滤到锅里后，用慢火烧，直到面糊变成透亮光滑的凉粉，而且不留锅巴无异味。

即可食用的凉粉

做熟后盛在容器里晾凉，食用时需要取出。凉粉的调料很有讲究，多达十几样，即：酸汤、醋、辣椒、蒜泥、韭菜、芥末、香菜、熟油、泡芹菜、

凉粉

味精、小蒜、西红柿酱等，有条件的还有辣椒油、芥末油、芝麻粉、芝麻酱等等。吃法也有两种：一种是用刀切成小条块状加上调料食用；另一种是用凉粉拉成细丝调上调料食用。荞面凉粉吃起来酸辣坚软，清凉舒适，是夏季消热防暑、开胃健脾的最好食品。

[荞面饸饹]

革命历史民歌《拥护刘志丹》唱道："端来些大红枣，又端油馍馍，老刘爱吃荞面，赶快压饸饹。"

荞面饸饹

荞面饸饹是甘泉传统饭食。制作荞面饸饹必须用一种特殊的工具——饸饹床子。过去的饸饹床子是用木头作成。一个圆桶，内有芯盖，盖顶连着压杆，桶底下嵌着铁片，上面有细密的小孔，孔可大可小。将荞面团放入桶内，用力压芯盖，细面条就从底下的小孔里流出，直接掉进锅里。近年来，饸饹床子有了大改进，有塑料制的，有金属制的，压饸饹更省力，也更方便。

荞面和成团时，里面可放少许沙蒿，不能太硬，压成细条落入锅中煮熟后

荞面香

捞入碗中，浇上臊子，一碗香喷喷的荞麦饸饹就做好了。

臊子是一种汤，素臊子是用豆腐、洋芋、萝卜等切成丁，配以青菜而成。羊肉臊子则是把羊肉切成小块配以原汤，再撒上葱花和香菜而成。

[洋芋擦擦]

洋芋俗名土豆，洋芋擦擦是甘泉人常吃的一种小吃。

做饭时，先把洋芋洗净，再用擦子擦成丝。擦时动作要快，否则洋芋丝氧化后会变成红色。擦好的洋芋丝拌盐和各种调料，再把面粉拌进去，一边拌一边搅，直到面粉都沾到洋芋丝上。

然后，把擦好拌匀的洋芋丝上笼蒸熟，出锅后，可蘸着蒜泥和辣椒水吃，也可烧红油，加点瘦肉炒着吃。

还有一种肉擦擦的做法，就是把擦好的洋芋放好，将一些猪肉切成薄片，肥瘦都可以，然后再把它和面粉、洋芋丝拌在一起。在这之前，一定要先擀一块面，擀的大小和蒸笼的箅子大小相等，把拌好的洋芋等铺在上面，再上笼蒸，以防里面的猪肉渗出油来。蒸熟后，蘸着蒜泥或辣椒水吃，让人腹胃大开。

洋芋擦擦

圪坨制作过程

[荞面圪坨]

除了荞面饸饹，荞面还可以作成美味的荞面圪坨。荞面圪坨做的好坏，关键在于圪坨的制作。

甘泉人多是做圪坨的高手。荞面饸坨做起来比较麻烦，也费劲。首先，把面和好，不要硬也不要软，先用手搓成手指粗细一根圆条状，夹在左手拇指之间，将右手掌揹向上倾斜，面头正好搁在掌心稍下，然后用右手将面条揪成像

圪坨

手指肚大小一块，放在手掌里拇指一搓一捻，便成了一个像小手指肚大小的面卷儿，且很薄。这样捻下的就叫圪坨。

圪坨要做得精致也是有技巧的，揪的面团要小，捻时要用力均匀。做好的圪坨边缘自然弯曲，空心中凹，圆润光滑，光是看就能给人一种美感。

把煮好的圪坨舀进碗里，像一碗白色的蜗牛，再配上红萝卜丁、洋芋丁、豆腐和菠菜，吃起来圆润光滑，浓香爽口，别有一番滋味。

[豌豆杂面]

豌豆杂面是用豌豆和麦子磨制而成的。豌豆杂面做工讲究，先选上好的豌豆晒干在磨上拉成瓣、去皮，然后用温开水将豌豆瓣拌湿，渗上一两天。同时选上好的小麦，用簸箕簸净，用温开水渗湿，以豌豆和小麦对半为最好。渗到用牙咬不脆时，加入沙蒿，然后在磨上磨，去掉头遍面后便成了杂面。

在做豌豆杂面时，将磨好的豌豆面用温开水和起，宜软不宜硬，过上半个小时再用面杖擀。擀好的杂面用心切成细条。切杂面要一气呵成，越细越好。

有句信天游唱得好："杂面擀的像丝线，煮在锅里突轮轮转，捞得碗里打油蛋，吃上一顿香几年。"

甘泉县

155

[荞麦煎饼]

荞麦煎饼味道可口,香味浓郁,为待客之佳肴。制作荞麦煎饼在选料上十分考究,一定要取上好的荞麦籽净去皮,荞麦糁子用水渗湿,然后在碾子上或案板上擦烂成面状,再兑上水搅成不稠不稀的糊状,细罗过滤去渣,成荞麦面糊，然后才能上锅摊。

制作工具也十分重要，要选用凹底锅。在凹底锅上摊成薄厚像纸一样的煎饼，是当地巧媳妇们的拿手好戏。娴熟的手艺，眼疾手快的动作实在麻利。

先用勺子舀一勺面糊，在锅的半腰稍下把面糊放入锅底，再用铲背迅速一摊，既薄又没有窟窿。摊煎饼还要掌握火候，火候掌握得好，摊出的煎饼白里透亮，薄如白纸；否则会沾在锅底或是锅底处摊焦。

吃煎饼也讲究季节，夏天喜欢干吃。就是将煎饼卷上事先做好的红烧肉、鸡肉、酥肉、豆腐干、凉拌菜等放在碗里，然后浇上香辣油、酱油、醋、蒜等，吃起来香里带凉。冬天则湿吃，湿吃就是热吃，煎饼不卷馅，而是泡在事先做成的猪肉烩粉条、鸡肉烩粉条、羊肉粉丝里边，越嚼越香，别有风味。

[干豆角腌猪肉]

甘泉有养猪的传统，乡下人每年至少要喂一口猪。每年腊月年关将近，家家户户磨刀杀猪。这时候，男人忙杀猪，女人忙腌肉。腌肉时先把肋条肉打成五寸见方的块子，然后洗净大瓷瓮准备腌猪肉。一般分为生腌和熟腌两种方法，生腌就是在生肉胚子上抹上大青盐，然后压在瓮中，浇上炼好的猪油趁热倒进瓮中，直至淹没在肉面上。熟腌多了一层手续，就是把肉胚在油锅中过油至半熟进行腌制。不论哪种腌制，均久贮不腐，直到来年宰猪时再重新腌。甘泉人历来待客热情厚道，每当家里来了贵客，先请坐炕敬茶，女主人便挽袖洗手，弄案操刀，把夏天晒好的干豆角丝用开水泡软，用刀把肉胚切成巴掌大的片状，配上洋芋块、粉条、红葱等佐料，蒸好以后，同黄米捞饭一齐端上炕来待客。

位于甘泉老县城墙西南角的两家干豆角腌猪肉饭馆，一家是正宗洛河川风味，一家为府村川地道做法，店面虽小倒也素洁雅致，生意颇为兴隆。

莲花灯是甘泉特有的民间魂宝，是一种源于隋唐宫廷娱乐的舞蹈，在气韵审美上多了几分宫廷的雅致

丰富多彩的

唱响甘泉的信天游

　　信天游是陕北的民歌艺术。陕北民歌在甘泉广泛流传，甘泉人或多或少都能唱几首，田间地头劳作时，行路时，均可听到歌声。农闲休息，茶余饭后，人们常聚在一起轮番演唱。除了这种日常生活中群众自然流传外，还有两种流传方式：一是民间歌手和艺人们的流传；二是一些风俗活动中集体或个人的流传。如"过事情"、迎送嫁娶、祭奠、祈时、秧歌等活动，都得唱歌。又如《迎亲歌》中就有"落脚歌"、"走红毡"、"拜天地"、"撒帐"、"上头歌"、"送儿女歌"等。

　　甘泉是民歌荟萃之地，民歌种类很多，当地俗称"山曲"或"酸曲"。主要有信天游、小调、酒歌、榆林小曲等二十多种，其中以信天游最富有特色、

最具代表性。信天游传唱的环境，是一片广漠无垠的黄色高原，这高原，千沟万壑、连绵起伏、苍茫、恢宏而又深藏着凄然、悲壮。信天游，这颗黄土高原上的明珠，伴随着历史，历经风云变幻，在时代的演进中展示着它的魅力，放射出璀璨夺目的异彩。信天游以其个性潜在地影响着陕北人的生活习俗，塑造了性格鲜明的高原文化。信天游是陕北劳动人民抒发感情的最好手段，是发自人心底的呼声。信天游是当地人民对家乡的热爱和歌颂，对美好生活的向往和追求，以及对男女之间"剪不断、理还乱"的感情吟唱。

在甘泉，村民们下地干活，上山放羊，进林子砍柴，赶毛驴拉煤炭，心有所感，便放开嗓子歌唱起来。甘泉人民的朴实都被吟唱在信天游的歌词中，它语言质朴，节奏明快，韵脚多变，一般为两句体结构，上下句押韵，不隔句押韵。以七字句或十字句为基础，上句主比兴或写景状物，下句多主点意，虚实结合，曲调悠扬高亢，粗犷奔放，节奏鲜明，韵脚和谐，抒情色彩浓，充分体现了人民的豪放性格。它两句一段，段与段之间可分可合，也可独立为一首，类似"散曲"。

在甘泉，民歌反映社会生活，内容十分丰富。现在所流行的民歌，既有反映社会变革内容的，富有时代感的，催人向上的，也有流传下来的"长工歌"

赶上自己牛，揽上自己楼，自己种瓜自己收，不要给人低头。多种庄稼少种菜，吃穿有安排。

的内容，反映人民对封建统治阶级的压迫、剥削的反抗。特别是革命历史民歌，是一批珍贵的革命历史资料，像著名的《当红军的哥哥回来了》、《山丹丹开花红艳艳》等，是很有价值的。

信天游被广泛运用于当地人民的生活之中。例如：大姑娘盼出嫁，女娃算卦，吹鼓手迎亲，出门人思念家乡，年轻人谈情说爱，夫妻吵嘴逗趣等，在民歌里都能找到相应的内容。还有，石匠们用歌声来装饰那单调的铁锤声；农民们用歌声驱逐疲劳、寂寞和忧愁；赶牲灵的人将那悠扬的歌声洒满羊肠小道，多愁善感的小媳妇用歌声倾吐心中的哀怨。总之，他们用信天游唱出自己的内心情感。

此外，他们还用民歌形式来为日常生活服务：货郎用歌声来叫卖，农民用歌声来祈雨；逢年过节时用歌来庆祝、娱乐，男婚女嫁用歌来举行仪式；喝酒时用酒歌来猜拳，用歌来讲述历史故事，用歌来开展社交活动，用歌来记叙重大历史事件；男女青年用歌谈情说爱，用歌来记叙新人新事，上坟哭灵也以歌代哭。甚至于丑闻千里，以歌传之；仁义大事，以歌颂之。

甘泉人平时最爱唱的民歌是情歌。旧社会青年男女恋爱和婚姻不能自主，他们只好用歌声来表达对封建婚姻的不满和对爱情的追求，表达自己对所钟爱的情人的倾慕，表达可望而不可即的内心忧郁。从前陕北经济落后，农民生活艰苦，男人成群结伙到外省给人揽工，即"走西口"。丈夫临走之前，妻子多方叮咛，娓娓动听，情意绵绵，抒情色彩极浓。如脍炙人口的《走西口》：

走路你走大路，

口噙荞麦三棱棱，三哥哥一心要闹红，小妹妹也答应。

当上红军扛钢枪，跟上咱的刘志丹，全家都放心。

芦花公鸡跳上炕，我把哥哥照上梁，哥哥而你莫回头。

一对对山羊转畔畔走，照见哥哥背影影，小妹妹不回头。

莫要走小路。
大路上人儿多，
拉活解忧愁。
住店你住大店，
不要住小店。
小店里贼娃子多，
操心把你偷。

睡觉你睡中间，
不要睡两边。
操心那挖墙贼，
挖到你跟前。

喝水你喝长流水，
不要喝泉水。
泉水里蛇摆尾，
操心喝坏你。

吃烟你自打火，
不要和人家对火。
梢林里绿林响马，
操心那蒙汗药。
……

  "走西口"的人一去经年不回，家里的妻子想起丈夫时，或手摇纺车，边摇边唱，或立于门前，低吟浅唱，抒发他们对远方亲人的眷恋和思念之情：
    豌豆开花一点红，
    拿针缝衣想哥哥。

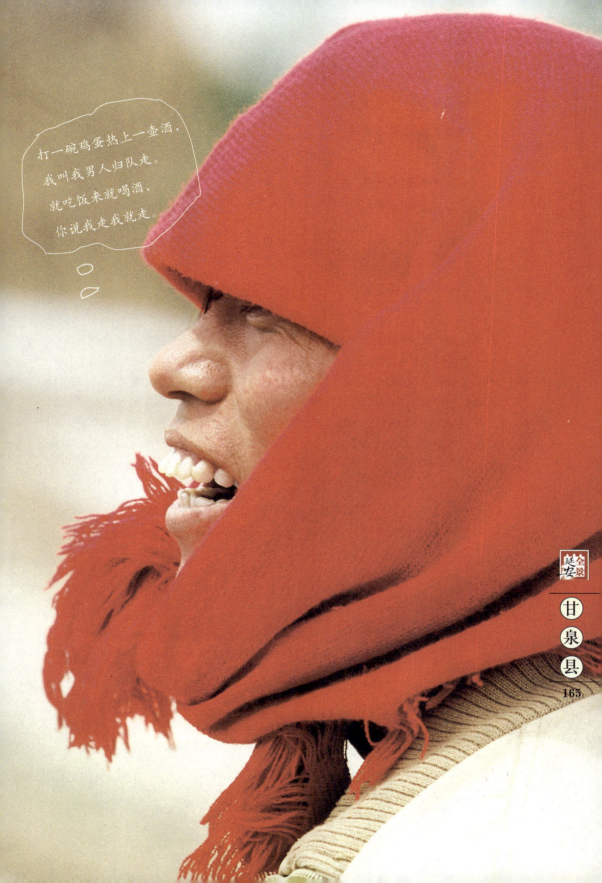

打一碗鸡蛋热上一壶酒，
我叫我男人归队走。
就吃饭来就喝酒，
你说我走我就走。

全景延安

甘泉县

165

想哥哥想得见不上面，

口含冰糖也像苦黄连。

大河没水养不住鱼，

妹子离不开哥哥你。

一对百灵子钻天飞，

多会儿盼得见上你。

……

　　同是反映当地婚俗的民歌，不同的历史时期有不同的特点。《兰花花》、《大女子要汉》和《我给你寻个好婆家》等3首歌对嫁娶方式均有描写，但因时代不同，嫁娶的方式也不同。《兰花花》中是古老的传统嫁娶方式，买卖婚姻，新媳妇过门要坐轿，还有"三班子吹来两班子打"。到了《大女子要汉》时代，反封建的思想情绪已形成一股潮流，"大女子"敢说敢干，敢于向父母提出要求出嫁，婚礼也简单化了，骑马代替了坐花轿。而在《给你寻一个好婆家》这首歌里，女主人公已是"自己的主意自己拿"，嫁娶方式也不是头上蒙盖头，脚上穿绣鞋，而是"骑着马，戴着花"，和新郎"说说笑笑进婆家"。

　　民歌贴近生活，反映生活真实，感情色彩浓，情歌尤其这样。《想你实想你》中的主人公是位未出阁的大姑娘，其中有一段是这样抒发她的感情的：

小提示

　　信天游唱词一般为两句体，上句起兴作比，下句点题，基本上是即兴之作。这些口语化的诗句，语出惊人，形象生动，具有极强的艺术感染力。其内容主要以反映爱情、婚姻、反抗压迫、争取自由为主。陕北人唱信天游，既唱生活的快乐，也唱个人的忧愁；既不乏浪漫，又注重现实，是对生活美的追求和感情的寄托。

想你想你实想你，
浑身上下都想你；

头发梢梢想你呀，
红毛头绳难挣呀；

脑瓜皮皮想你呀，
榆林梳子难梳呀；
眼睫毛毛想你呀，
白天黑夜难闭呀；

眼睛仁仁想你呀，
泪水颗颗难收呀；

舌头尖尖想你呀，
酸甜苦辣难尝呀；
……

甘泉说书

　　甘泉地处黄土高原沟壑区，山大沟深，林草茂密，交通不便，"牛羊塞巷，骡马衔尾"，"唯听牛羊叫，不闻读书声"，这是对历史上山民生活的写照。特别是县城至桥镇和志丹边界，百余里路的洛河川仅有一条羊肠小道。如

【陕北说书大师—张俊功】原籍陕北横山，1960年加入延安县曲艺馆，博采众长，革新说书演出形式。1978年首次组织甘泉曲艺队进行演出。在演唱形式上，把一人自弹自唱、自敲、自打的坐唱形式，发展为多人走场说书。并首次打破只有盲人说书的传统观念，开一代新风。

甘泉县

169

甘泉人说书现场

此闭塞的生活环境，为陕北说书这种民间艺术提供了生存和发展的土壤。

在甘泉灿若群星的民间艺术中，说书是其中最为耀眼的一颗。虽说它最早是为盲人自身生存和养家糊口而创造的一种娱乐民众的民间艺术形式，但经过长期不断的创新和发展，在陕北这块有着厚重文化积淀土地的滋养下，它已经成为具有独特的艺术风格、人民大众喜闻乐见、极受欢迎的文艺形式之一，并发挥了其它艺术形式不可替代的娱乐、审美功能，是陕北广大地区人民群众不可或缺的精神食粮之一。

张俊功表演
正酣时

20世纪80年代以后，随着现代化传媒工具延伸到了黄土地的每一个角落，人们的文化娱乐形式呈现出前所未有的多元化。同时，随着物质生活的丰富和生活节奏的加快，人们对文化生活的追求有了更新的要求，陕北说书艺术的继承与发展，便成了急待思考、解决的一个重要课题。

不服老的张俊功，偶然也表演一些小段子，活跃邻里文化生活。

小提示

张俊功能演唱《清官断》、《沉冤记》、《五女兴唐传》、《武二郎打会》、《快嘴》、《十不亲》、《两头忙》等43本传统书、9本现代书和50多个小段。此外还在说书之余创作和演唱了《老牛御套》、《一个存折》两个曲目。

　　甘泉说书艺术得到新生，是抗日战争时期党中央在延安的那个年月。其代表人物就是一代陕北说书大师韩起祥。韩起祥原籍横山县，他记性好，富有创造力，书说得很出名。因此，毛泽东主席曾请他去说书。听了韩起祥的陕北说书后，毛主席勉励他编新书宣传革命、歌颂共产党八路军，韩起祥自编的《张玉兰参加选举会》、《刘巧团圆》、《宜川大捷》、《翻身记》等新书，歌颂了革命战争和社会主义建设，深受陕北人民的喜爱，至今仍为延安的保留节目。

　　在说唱艺术上，韩起祥也进行了大胆改革与积极的探索，形成了自己独特

媒体正采访张俊功独特而精湛的曲艺人生

这是新式的陕北说书

的风格。新中国成立后，韩起祥的陕北说书曾一度风靡全国。

　　继韩老而后，一批明眼人也开始学说书，有知识的文化人也开始学说书，女青年也开始学说书。陕北说书，已不再是盲人借以谋生的一种手段了，它成了真正的民间艺术，成了很有价值很具特色的民间艺术。说书人也不再是单一的怀抱三弦、脚绑木板，坐下说唱，即所谓坐场说书，可以站起来以音容笑貌敷衍人与事，变成了走场说书。乐器也不再是单一的三弦、琵琶、梆子和木板，可配上二胡、笛子等民族乐器。

　　陕北说书在甘泉代代有传人，且多有创新发展。上世纪二三十年代，在洛河川下寺湾即有张金福行艺说书，其徒弟张俊功是当代突出的一位陕北说书演唱家。1978年以来，以张俊功和他的徒弟为代表的"甘泉曲艺队"活跃在甘泉城乡及陕、甘、宁等地行艺说书。中青年说书艺人的兴起，说明陕北说书在甘泉后继有人。张俊功首创了走场说书，形成了一个五六个人的说书班子。他曾给电影《北斗》配过音，参加过全国曲艺大赛调演，获得了国家奖。他说的书，被灌成磁带在商店售卖。甘泉本地人乃至整个陕北人，每当提起陕北说书，常常会因出了个韩起祥和张俊功而骄傲和自豪。除张俊功以外，张和平、张启发、牧彩云等说书演员也正在崛起。

173

陕北说书

张俊功正在向年轻一代传授陕北说书

甘泉莲花灯

　　莲花灯古称莲花舞，亦叫舞莲花，是一种源于隋唐宫廷娱乐的舞蹈。相传源于隋炀帝在府村修建的行宫，如今成为甘泉县群众春节闹红火的一种传统民间艺术，讲究舞者仪态大方，典雅端庄，动若风吹莲移，鲤鱼翔底；静若芙蓉争艳，处子朝阳。如在夜间表演，但见粼光闪烁，秀女仙姬婆娑穿行于莲叶碧波间，其声莺莺，其舞婀娜，表现出几分宫廷的雅致，别有一番意境。

　　莲花灯是甘泉特有的民间魂宝，艺术品位不断革新，既承袭了传统文化之精华，又融合了现代莲花灯的艺术形式，以代表着女性阴柔的莲花和男性阳刚的鱼为吉祥图案。舞蹈者手中各持莲花灯、鱼纹灯，在类似于关中秦音和塞北

信天游的"水船调"伴奏下且歌
且舞。这是一种载歌载舞的综合
艺术，意蕴连年有余、吉祥如意
的喜庆气氛。艺术风格既具有汉
唐雄风的宽广恢宏，又融合了甘
泉鱼米之乡的文雅秀丽色彩。甘
泉莲花灯表演形式分为"走灯"
和"跑灯"。

"走灯"即过街表演，基本
以转变图案前进的形式进行。步
法有圆场步、散膀端灯步、左跳
步举灯、交叉划灯步、乐舞步、
休息步、秧歌步七种。"跑灯"
为场地表演，以穿插变化吉祥图
案为主，主要有仙女下凡、鱼跃
龙门、鱼戏莲花、张灯结彩等。
步法用碎步移动。

甘泉莲花灯于1999年正月
在延安市秧歌会演中首次演出，
引起巨大反响，沿街群众翘首以
待，争相观赏，各种新闻媒体纷
纷报道，在全市形成了"甘泉莲

甘
泉
县

177

花灯"轰动效应。此后，在延安市庆祝建国五十周年庆典、延安市迎千禧广场文艺演出和延安市2000年、2001年新春文艺会演等大型活动中，"甘泉莲花灯"作为压轴大戏，一次次把欢庆气氛推向高潮。"甘泉莲花灯"还在延安市小戏调演和全国"群星奖"舞蹈大赛、陕西省"金粟杯"舞蹈大赛中获得最佳节目奖和二等奖。

甘泉莲花灯

全景延安

甘泉县

180

甘泉秧歌

　　甘泉秧歌是一种源远流长的地方群众文艺活动，普及全县。每年春节，群众自发地组织起秧歌队，在村、镇及县城逐户庆贺拜年。秧歌队伍少者30～40

秧歌

玉兰床上用品

富

民

秧歌队里的伞舞与扇舞

人，多则近百人。一般为男女各半，分别列队，伞头1～2人在前面领队，边跳边扭，以锣鼓伴奏，鼓乐队引路。扎场队列多变，有"四门墩"、"卷席筒"、"剪子股"、"黑虎掏心"、"五角星"等造型。秧歌队伴有伞舞、扇舞、旱船、狮子舞、跑竹马、踩高跷、打腰鼓等多种文艺

甘泉县元宵节秧歌展演现场

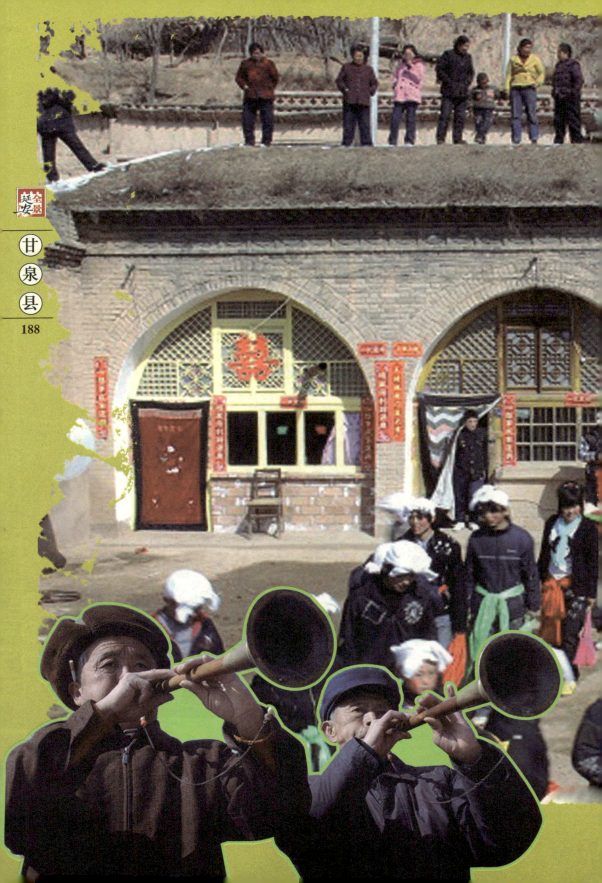

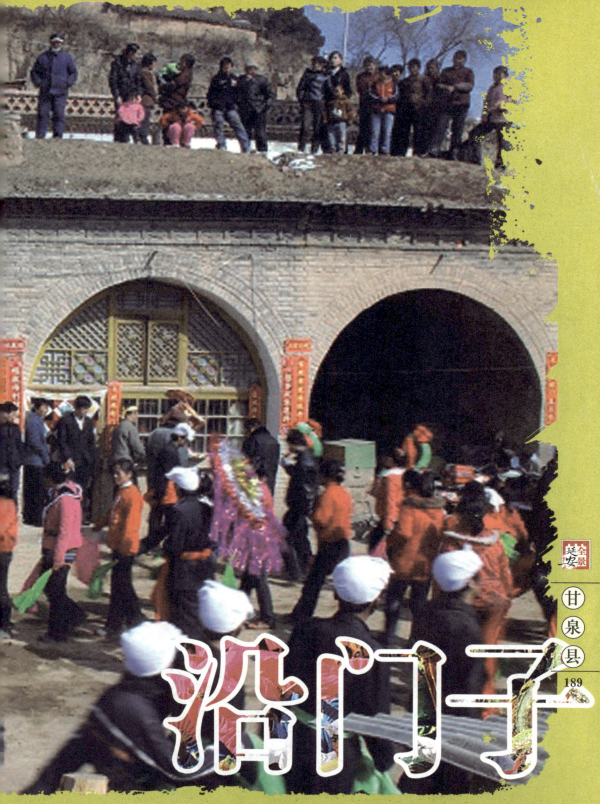

沿门子

春节期间,乡村秧歌队挨门逐户给村民拜年,俗称"沿门子"。

表演形式，并有小戏剧、舞蹈等。形式活泼，场面热烈，各有特色。近几年甘泉县政府的文化主管部门组织各乡秧歌队进城会演，调动了各乡镇以秧歌为主要形式的群众艺术活动的开展。目前道镇乡、下寺湾乡秧歌队的人数较多，演技超群。石门乡秧歌以腰鼓队排首，鼓声夺人，很有气势，颇受好评。

甘泉秧歌

书法、美术

　　甘泉民间绘画多画在庙堂、宗祠、箱柜等建筑物和生产、生活用具上，主要内容有传说故事画、花鸟虫草、风景、"二十四孝"图等，其中有些可称为上乘之作。

　　近年来，在延安书法家协会副主席，甘泉县文化馆馆长上官永祥精心带领下，一大批以中青年为代表的书法、美术队伍脱颖而出，成为甘泉群众文化主

　　【上官永祥】男，延安书法家协会副主席、陕西省书法家协会会员，1991年在延安举办"上官永祥书法展"，1998年荣获陕西省中青年书法绘画大赛三等奖，油画"瑞雪"在中国美术馆展出并获奖。2000—2002年先后在西安、安徽、山东举办个人书法展。

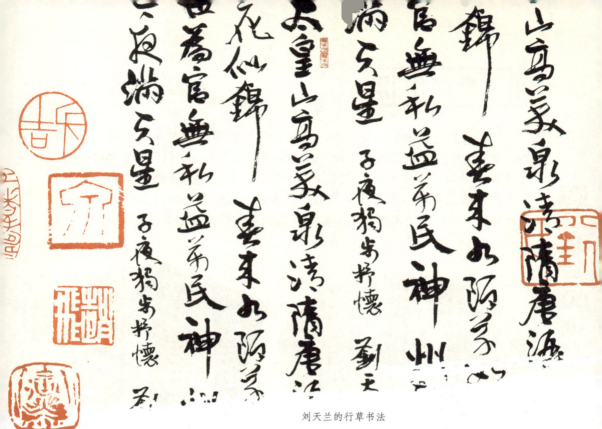

刘天兰的行草书法

力军。从20世纪80年代开始，这支队伍坚持一手伸向传统，一手伸向生活，创作出一大批讴歌时代新风的优秀作品，为甘泉的社会进步做出了积极的贡献。文联、文化馆等单位先后组织了"迎千禧年书法大展"、赴安徽书法艺术展、"老区情、山东临沂友好交流展"等十余项大型展览，以及培训和交流活动。

刘虎林《雨岔》

名人堂

【刘虎林】男，20世纪60年代出生，现为陕西省书法家协会会员，陕西省楹联协会会员，延安书法家协会常务理事，延安中国画院画师，延安炎黄书画院画师。多年来潜心研究陕北文化，力求在山水画上求得突破。作品多次在省、市展览中获奖，成为甘泉美术队伍的中坚力量。

文学创作

　　旧社会的甘泉由于交通闭塞，战乱不断等影响，读书人少，流传下来的诗、词等文学作品凤毛麟角。新中国成立后，人民生活和教育事业都有提高，文化事业得到了空前的繁荣和发展，一代又一代文学人才崭露头角，各领风骚。作家路遥长期深入甘泉，先后创作完成当代长篇小说《人生》和《平凡的世界》。上世纪80年代，甘泉县文化馆馆长张弢首创文学杂志《泉》，在陕

文学小报《美水泉》　　　　　　　　　　　　庞爱莲散文集《年影儿》

　　西文学界产生了很大影响。90年代末，县文化馆上官永祥馆长又创办了文学小报《美水泉》，其中刘虎林主编了五十余期。2007年县文联精心编辑出版大型文艺季刊《甘泉》。近年来个人出版专辑的有：马荣长篇历史小说《佳南烽火》、《悲夫泪》，郭华小说集《山道湾湾》、《山雨蒙蒙》，崔振和诗集《兰溪集》，李全文诗集《面河而歌》，霍志华(霍嘉璐)诗集《白露为霜》，庞爱莲散文集《年影儿》。目前全县坚持文学创作的有百余人，他们深入生活，寻找艺术矿藏，提炼艺术精品，讴歌时代新风。而在外地工作的甘泉籍作者出版专著的有：马治权杂文集《中国人的聪明》，刘琦诗集《赤子情》，惠毅然《惠毅然文集》……尤其是青年作家霍嘉璐建立的个人博客网深受广大文艺爱好者点读欣赏。甘泉文学呈现出有史以来未有的繁荣。

文艺季刊《甘泉》

这是路遥在甘泉创作当代文学名著《人生》和《平凡的世界》时住过的窑洞

刺绣、剪纸

　　甘泉的乡间妇女从十多岁开始学习刺绣和剪纸，她们的老师往往是自己的妈妈或奶奶。刺绣和剪纸的素材来自她们对日常生活的观察和体悟，然后凭着心灵用针或剪子表现出来，并随着年龄的增长和技术的提高，作品的表现力和蕴含的内容也日益丰富。所以在甘泉，刺绣和剪纸是妇女聪慧和灵巧的象征，又往往成为爱情的信物。从民间艺术角度观察，刺绣与剪纸是中华民族千百年来民众创造并享受的文化，是民众智慧的创造。甘泉剪纸是大众的、生活的、民俗的艺术，反映着劳动人民独特的生活情趣，包含着丰富深刻的社会历史信息，成为甘泉民族文化的宝贵财富。

[刺绣艺术家—白文珍]

　　白文珍，甘泉县桥镇乡新庄科村人。她从18岁开始自学刺绣鞋垫、老虎枕头。她绣的虎枕为双虎头，以红条绒做面，1.3尺长，老虎胖墩墩的，令人喜爱。刺绣鞋垫以花草鸟类图案为主，线条颜色搭配鲜艳、造型生动逼真。多少年来，方圆几十里嫁女娶媳妇，很多人上门索求，或掏钱购买，或以物相送表示感谢。

小
提
示

甘泉剪纸艺术继承了汉代艺术风虎云龙、粗犷淳朴、夸张变形的大轮廓，继承了像旭日初升喷溥而出的唐代艺术，更具有强大的生命力。在甘泉这片乡风浓郁的土地上，更是荟萃了众多民间艺术家。

贺芝兰

[古稀之年刺绣艺术家—贺芝兰]

　　贺芝兰，女，甘泉县下寺湾镇胡皮头村人。她绣的老虎枕头分大小两种，大的为双头虎，1.2尺长老虎威风凛凛。小的6寸长，为单头虎，有尾巴，显得小巧玲珑。虎枕都用红布做面，内装荞麦皮。

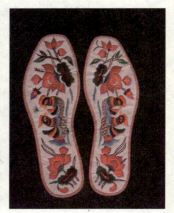

[身残志坚的民间艺术家——高海宁]

高海宁，聋哑残疾人。她心灵手巧，8岁时就能仿照各种年画开始画画、剪纸、刺绣。多年来，磨炼成才，现已成为甘泉县有名的剪纸、刺绣艺人。

她的刺绣作品"绣花拖鞋"采用民间手工制作，利用纯棉布料做底，色丁软缎绣花成帮。柔软舒适，吸汗透气，色彩鲜艳，造型典雅，具有浓郁的传统风格，可作为馈赠贵宾的礼品。

她的剪纸作品，以民间传说、十二生肖、欢庆丰收等农村题材为主题。各种图案均为自己想象设计。作品有《猪八戒娶媳妇》、《龙凤呈祥》、《年年有余》、《天仙配》等，都活灵活现，栩栩如生。

神话故事

《红孩儿大战牛魔王》

　　王志斌，甘泉县下寺湾镇柳河湾村人。他自幼喜爱剪纸，15岁开始学剪，每天抽时间自画自剪。图案设计新颖，独特，随心所欲。已剪过大小作品200余种，有动物、人物、花草、鸟禽等。作品"庆丰收"充分体现了人民喜获丰收的喜悦；"舞枪"、"弄棒"、"耍刀"等作品描绘了男女青年热爱体育运动，加强武术锻炼的英姿形象。群众称他为心灵手巧的"男剪手"。

甘泉县

202

《连年有余》

《鸡》　　　　　　《鹿》

美水之乡甘泉，有着长征中红军留
下的印记，革命旧址、伟人旧居、革命遗址
和遗物，见证着红色革命的历史。

红色文化之旅

甘泉不仅历史悠久，文化遗产丰富，也是红色革命的圣地。在这片土地上，毛泽东、周恩来、张闻天、彭德怀、刘志丹等无产阶级革命家留下了光辉的足迹。著名的劳山战役捍卫了陕北根据地；中央红军与陕北红军在这里胜利会师；在道镇象鼻子湾毛泽东发表了著名的"雪地讲话"。在美水之乡甘泉，有着长征中红军留下的印记，革命旧址、伟人旧居、革命遗址和遗物，见证着红色革命的历史，让我们踏寻红军的足印，深深品味极具魅力的红色之旅吧！

劳山战役战场白土坡遗址远眺

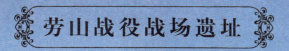

劳山战役战场遗址

　　劳山战役战场位于210国道两旁，南起白土坡，北至劳山村一带，是一处狭长地带。

　　1935年10月1日晨，国民党东北军一一〇师何立中部从肤施出发，驰援甘泉。下午2时许，敌人到达劳山以南的白土坡、小劳山一带。埋伏在大、小劳山的西山和东山的红十五军团随即发起攻击，激战6小时，全歼了一一〇师师直属队全部、六二八团全部和六二九团1个营。敌六二八团团长裴焕彩被俘，师长何立中、师参谋长范某、六二九团团长杨德新毙命。

小劳山战场遗址远眺

劳山战役是西北红军的一次重大胜利，此战役共歼敌2000余人，俘敌4000余人，缴获七五山炮4门、八二迫击炮24门、重机枪24挺、轻机枪180余挺、长短枪5000余支、无线电台4部及部分军用物资，粉碎了蒋介石国民党围剿西北苏区的企图。

下寺湾毛泽东旧居

下寺湾毛泽东旧居位于下寺湾镇下寺湾村。旧居为一排两孔石窑洞，坐北朝南，北近山，南临洛河。

旧居中有一棵毛主席当年种
下的梨树，如今已是枝繁叶茂，
梨花朵朵。

1935年10月30日，毛泽东和中共中央领导同志率领中央机关和陕甘支队离开吴起镇，沿洛河川南下，于11月2日到达陕甘边特委所在地下寺湾。毛泽东住白云德家石窑内。11月3日，中共中央政治局在此召开常委会议，听取了陕甘晋省委副书记郭洪涛和西北军委主席聂洪钧关于西北苏区、西北红军情况的汇报。针对陕北苏区错误的肃反，中央当机立断，决定由中央保卫局接管西北保卫局工作，派王首道、刘向成、贾拓夫等带电台火速前往瓦窑堡开展工作。同日，中共中央政治局也召开会议，毛泽东在会上提出了"向南作战"与"初冬解决围剿"的总方针。

同日，中华苏维埃共和国中央政府颁布命令，成立了由毛泽东任主席，周恩来、彭德怀任副主席的西北革命军事委员会。西北军委随即发布命令，恢复红一方面军番号。彭德怀任司令员，毛泽东任政治委员。下辖红一军团、红十五军团。

甘泉县

毛泽东旧居外景

11月4日，毛泽东、周恩来、彭德怀率红一军团离开下寺湾，前往史家湾，指挥苏区南线作战。同日，张闻天、秦邦宪、刘少奇率中共中央机关前往瓦窑堡。下寺湾中央政治局常委会议，纠正了陕北苏区的肃反错误，从冤狱中释放了刘志丹、马文瑞、汪锋、张策等一大批领导干部，挽救了陕甘革命根据地。

旧居中的中央政治局会议室，在此听到刘志丹等陕北领导同志被抓被杀的汇报后，毛泽东当即指示"刀下留人，停止捕人"。

象鼻湾毛泽东旧居

象鼻湾毛泽东旧居位于道镇镇史家湾村，西依山，东临洛河，是一座内外套接的土窑洞。

1935年11月4日，毛泽东、周恩来、彭德怀率红一军团离开下寺湾，翻越雷花峪山，于5日到达史家湾村。毛泽东住张万富家土窑洞内。下午，毛泽东在史家湾会见了红十五军团首长徐海东和程子华。11月6日，红一军团和红十五军团在象鼻子湾胜利会师。11月9日，毛泽东和彭德怀致电红一军团和红十五军团首长，决定红一军团主力在原地待命，红十五军团全力肃清北道德一带国民党团匪。11月12日，毛泽东接连致电彭德怀、徐海东、程子华、林彪、聂荣臻，部署红一军团和红十五军团各部的行动，筹备直罗镇战役。

张万富珍藏的毛泽东
当年用过的油灯

象鼻湾毛泽东旧居

1935年，中央红军和红十五军团在这里会师，宣告红军长征胜利结束。

中央红军和红十五军团 会师地（雪地讲话）旧址

中央红军和红十五军团会师地旧址位于道镇镇象鼻子湾村北的洛河岸上，原为一片树林，现已辟为农田。

1935年10月19日，党中央和中央红军经过艰苦卓绝的二万五千里长征，到达陕北吴起镇，进入西北苏区。11月6日，毛泽东率中央红军经甘泉下寺湾到达

毛泽东"雪地讲话"旧址

象鼻子湾村，与刘志丹、徐海东、程子华领导的红十五军团胜利会师。徐海东向毛泽东汇报了陕北革命形势及劳山战役、榆林桥战役情况。当天下午，中央红军和红十五军团在象鼻湾举行了盛大的会师庆典，在纷飞的大雪中，毛泽东发表了著名的"雪地讲话"。他说，从江西瑞金算起，我们走了一年多时间。我们每人开动两只脚，走了两万五千里，这是从来未有过的真正的长征。我们红军的人数比以前是少了些，但是留下来的是中国革命的精华，都是经过严峻锻炼与考验的。留下来的同志不仅要以一当十，而且要以一当百、当千。在总结长征时他说："长征是历史上的第一次，长征是以我们的胜利和敌人的失败而结束。长征是宣言书，长征是宣传队，长征是播种机……"最后，毛泽东说，今后，我们和陕北红军、陕北人民团结一致，要做团结的模范，共同完成中国革命的伟大使命，开创中国革命新局面。会师后，中央红军和红十五军团合编为红一方面军，彭德怀任司令员，毛泽东任政治委员。下辖红一军团（军团长林彪）、红十五军团（军团长徐海东）。

象鼻湾会师是红军长征史上重大的历史事件，是中央红军结束长征，落脚陕北根据地后的最后一次会师。会师后，红军力量得到进一步壮大，并取得了直罗镇战役的胜利，给党中央将革命大本营放在西北举行了一个奠基礼。

中央警卫团当年住过的窑洞

红十五军团司令部旧址

镶嵌有"永宁堂"石匾的窑洞，是军团长徐海东当年的办公室兼宿舍。

红十五军团司令部旧址位于洛河东岸的道镇村后村半山峁上，南距县城18公里，原是一处旧山寨。1935年9月至11月，红十五军团的司令部驻扎在此，军

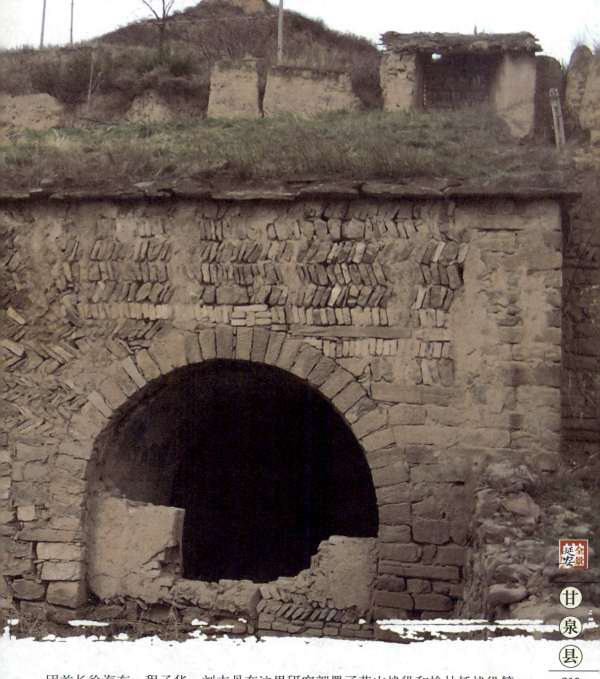

团首长徐海东、程子华、刘志丹在这里研究部署了劳山战役和榆林桥战役等。中间窑洞是徐海东的办公室和宿舍，窑洞上方石匾上书"永宁堂"三字。1935年11月5日，毛泽东、周恩来、张闻天、彭德怀在这里会见了从富县张村驿前线返回的徐海东。现在司令部旧址院子和三孔石窑洞虽有部分坍塌，但基本保留着当年的原貌。

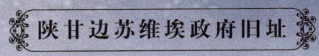

陕甘边苏维埃政府旧址

　　陕甘边苏维埃政府旧址位于桥镇乡洛河南岸的阎家湾村。1935年4月至9月下旬，陕甘边苏维埃政府驻此，政府主席习仲勋住在半山腰的土窑洞内。

　　陕甘边苏维埃政府成立于1934年11月，习仲勋任主席。1935年春，蒋介石调动五万兵力，对陕甘边根据地发动第二次"围剿"。为粉碎敌人"围剿"，扭转战局，西北军事委员会决定集中红军主力到陕北作战，甘肃南梁一带根据

地只留少数游击队坚持斗争。4月下旬，习仲勋按计划率领保卫大队掩护陕甘边苏维埃政府由南梁迁到洛河南岸阎家湾村。在这里陕甘边苏维埃政府领导陕甘和陕北军民粉碎了敌人的"围剿"，壮大了红军主力，扩大了根据地，至1935年7月，将陕甘和陕北根据地连成一片，根据地扩大到东至黄河，西邻环县，南靠淳化、耀县，北接长城的广大地区，为毛泽东领导的中央红军落脚陕北奠定了基础。

洛河岸边阎家湾村远眺

几孔破旧的窑洞就是当年陕甘边苏维埃政府所在地，中间的土窑是政府主席习仲勋的宿舍兼办公室。

甘泉县

安家坪彭德怀旧居

　　安家坪彭德怀旧居位于县城南5公里洛河西岸的安家坪村。1935年11月下旬直罗战役结束后，彭德怀来到安家坪村，指挥部设在村中的三孔石窑洞内，彭德怀住中间一间。在安家坪的40多天里，彭德怀指挥红军各部队围攻甘泉县城，并做国民党东北军和西北军的抗日民族统一战线工作。

彭德怀安家坪旧居

周恩来湫堰山遇险处遗址

　　1937年4月25日，周恩来副主席受中央和毛主席的委托，从延安出发去西安与国民党谈判红军改编问题。同行的有红军副总参谋长张云逸，随行的有陕北独立师政治部主任孔石泉、周副主席的副官陈有才、警卫副排长陈国桥、警卫班战士12人，一行25人同坐在一辆卡车上，周副主席坐在驾驶室里。

　　卡车驶离延安，进入湫堰山。当汽车爬上山巅峡谷巷道，刚刚转第一个小弯时，突然山上枪声大作，密集的子弹像雨点似的朝卡车射来。周副主席镇定地说："遭到伏击，赶快下车打！"警卫战士利用卡车和山体掩护，奋力还击。当时，战士们的武器都是短枪和手榴弹，射程近，山路崎岖，汽车不易冲出袭击圈；在敌我力量悬殊的情况下，警卫员刘长久腰部中弹，司机牺牲，汽车卡死，张云逸的手指受伤，警卫员也已牺牲，孔石泉肩部中弹。警卫班伤亡惨重。副官陈有才虽身负重伤，但全力以赴保卫首长安全。他忍着疼痛，一面指挥掩护，一面向敌人射击，不久连中数弹，壮烈牺牲。

在孔石泉、刘长久等人的掩护下，周副主席从东面转弯处一个开阔地跨进沟壑，迅速爬上山坡，隐蔽到丛林中，冲出了敌人的包围圈，随即朝延安方向疾进。一翻过山，到达任台村，在老乡的引导下，来到三十里铺公路边红军兵站。延安总部得知情报后，派骑兵团、步兵团疾驰增援，当赶到现场时，敌人已逃匿。周恩来随警卫团返回延安。

湫堰山事件中周恩来遇险处

在这次事件中，副官陈有才立了特殊的功勋。那天，由于保护周副主席的需要，他戴着礼帽，穿着西服，系着领带，脚上套着长筒马靴，袋里装着周恩来的照片和名片。因此受到土匪的注意，他们认定必是周恩来无疑，便疯狂向他扫射，就在这一刹那间，警卫员才乘机掩护周恩来离开汽车转入安全地带。在清扫战场时，发现陈有才的身体除中弹六七处外，还被敌人捅了20余刀。邓颖超同志后来回忆说："陈有才同志代替恩来牺牲了，他是个好同志。"湫沿山事件共牺牲战士20人。

事后获悉，这伙土匪是国民党右派何应钦收买的，匪首李清伍是东北军的一个少将军官。他们事先探知周副主席赴延安日期，选择伏击点，切断通讯线，共部署了两个步兵排的兵力。

事件之后，甘泉县保安科配合边区警卫部队很快摸清底细，消灭了境内藏匿的土匪、坐探分子。1982年，甘泉县人民政府在湫堰山周恩来遇险处立了纪念碑。

昔日塞北咽喉的湫堰山垭口——野猪峡，紧邻现代公路湫沿山隧道。

225

劳山战役烈士陵园

　　劳山战役烈士陵园位于县城北9公里的小劳山村北210国道旁，是一座无名烈士陵园。每年，来这里瞻仰、凭吊的游客达到数万人。陵园占地面积14000平方米，背靠劳山山脉，面临劳山川水，显示着"劳山巍巍，烈士不朽；洛水荡荡，英灵流芳"。陵园内松柏苍翠，芳草茵茵，风景优美。

　　陵园的大门两侧有一对石狮，大门的设计简略明快，两根石柱顶各立一头"向天吼"，昭示着浩气长存。进入陵园，可见陵区分为两层：第一层是瞻仰区，建有英名亭，记录着留下姓名的烈士；第二层是墓区，34座无名烈士墓，

庄严肃穆的劳山战役烈士陵园

静静地躺在苍松翠柏的掩映中。墓碑上面没有名字，只在正中刻着一个五角星，周围刻着一圈花环，显得庄严静穆，令人肃然起敬。

劳山战役纪念亭

庄严的军徽下长眠
着为革命捐躯的先烈

全景
延安

甘泉县

227

甘泉新面貌：宽阔的街道，林立的高楼，四通八达的柏油路，盎然的蔬菜大棚、勃发的养殖小区，遍布山峁沟壑的石油井架。

崭新的城乡

经济快速发展的美水之乡

　　过去，甘泉的经济很薄弱，长期在缓慢中发展。"十五"时期，甘泉经济发展步入了快车道。进入"十一五"以来，在不断深化对全县县情和发展前景的认识上，县上确立了"奋力打造工业经济强县、农业产业大县、特色产品名县、陕北生态第一县，合力建设富裕、文明、和谐新甘泉"的奋斗目标。如

今，甘泉县特色产业初具规模，初步形成了工业以石油为龙头，白酒、建材、食品加工为骨干，农业以蔬菜、畜禽产业为主体的特色产业格局，全县经济走上了一条结构合理、多轮驱动、持续快速增长的良性发展路子。2007年生产总值达到14.24亿元，财政总收入4.69亿元，完成固定资产投资9亿元，农民人均纯收入3135.5元。

通过多年来坚持实施"石油兴县"战略，强化了工业经济的支柱地位。境内蕴藏着丰富的油气资源，境内有下寺湾油田，俗称洛河油田。目前，主要开采的是三叠系延长组和侏罗系延安组两套油层；探明含油面积315平方公里，地

甘泉是美酒之乡，独特的民间酿酒工艺由来已久。坐落在县城北关的延安市美水酒有限公司始建于1975年，是陕西重点酿酒企业，陕北最大的酿酒厂，先后被评为全国酒行业优秀企业、延安市明星企业、经济效益显著企业及省级文明单位。

质储量约1.12亿吨；拥有272.1平方公里含气面积，储量约200亿方。下寺湾采油厂经过20年的艰苦创业，年生产原油达到44.89万吨。通过近几年的发展，甘泉原油产量每年以5万吨的速度增长。

同时，甘泉把优化调整经济结构、培育壮大非公有制经济放在促进经济健康发展的战略高度来抓，通过政策扶持、环境保障、服务推动等措施，集中精力发展白酒、建材、食品加工、红小豆出口及加工等有一定规模和市场竞争力的地方特色产业，努力形成一业为主、多业支撑的工业格局。甘泉白酒企业积极开发新产品，多方开拓销售渠道，产品市场占有率不断提高。隋唐玉液系列白酒荣获陕西名牌产品称号，被誉为"陕北茅台"，畅销西北地区。深受消

位于洛河之滨的甘泉县下寺湾镇，是延长油田股份有限公司下寺湾采油厂的驻地。1987年7月18日由长庆石油勘探局将下寺湾油田移交地方后组建成立甘泉县石油开采公司，后更名为延长油矿管理局下寺湾钻采公司，2005年9月陕北石油企业重组后更为现名。

费者青睐。此外，甘泉县建材资源丰富，有储量巨大的石灰岩、砂岩、紫砂土资源。城乡建设的需求，使建材企业迅速发展。甘泉新宇水泥有限责任公司所产的油井水泥成为陕北采油固井的首选品牌。豆腐干加工突破了落后的小作坊式生产，基本实现了现代化、规模化生产，形成了"宏利"、"八千里"等知名品牌，产品远销省内外，供不应求，甘泉豆腐干制作工艺被列入陕西省非物质文化遗产名录，甘泉豆腐干已成为甘泉的一张"名片"。甘泉红小豆原产地标识通过了国家质监总局认证，双青豆原产地标识认证正在申请中。红小豆加工出口曾率先在延安市实现了出口创汇零的突破。县上每年都以中国东西部合作与投资贸易洽谈会为契机，把招商引资作为加快非公有制经济发展的重要途径，引资项目和引进资金逐年增多， 12万吨石油专用管及石油机械加工等一批项目先后落户甘泉，森源运输、兴银豆业、刺榆米酒、辰岩纸业、黑氏塑业、圣火彩钢等非公有制企业得到蓬勃发展。

棚外冰天雪地，
棚内绿意盎然。

——甘泉的大棚蔬菜生产

甘泉县以社会主义新农村建设统揽农业农村工作全局，积极推进城乡经济社会一体化发展。县财政每年列支1500万元支农资金用于农业产业开发和新农村建设，全县所有党政部门、企事业单位全部参与包村工作。按照"示范引导、整村推进"的要求，坚持因地制宜、突出特色，逐年安排实施重点村建设和旧村改造，扎实开展"社会各界齐参与，携手共建新农村"主题实践

卖瓜摊点	辣椒大棚
卖小番茄的流动车	
豆腐干礼盒	

活动，已建成多个全市一流的示范村，走出了一条具有甘泉特色、符合群众意愿的新农村建设路子。

早在退耕还林之初，甘泉日光温室蔬菜就悄然出现，养殖业处在萌芽状态，在县委、县政府的大力倡导下，以菜畜产业为重点的农业产业规模和覆盖面逐年扩大。2004年，甘泉县全面开展了专业乡、专业村、专业户建设，提出了"以菜为主、以畜为辅、以粮养畜、以畜促菜、菜畜富民"的特色经济发展思路，对"一村一品"的产业定位、布局进行了大胆探索，为农业产业奠定了雄厚基础。近几年，甘泉以"建设农业产业大县"为目标，深入实施了一村一品"十村示范百村推进"工程，要求70%以上的农户从事一个品种的产业建设，农民人均纯收入70%以上来自于这一产业收入，鼓励农民根据自己的实际情况选择适合自己的菜畜产业。在政策引导、资金扶持、龙头带动、典型示范、培训教育等综合措施的推动下，以日光温室大棚为主的蔬菜生产和以养猪、养鸡为主的标准化养殖业得到迅猛发展，产业规模和效益连年攀升，

年产蔬菜达到8万吨，猪饲养量6万头，鸡饲养量120万只，菜畜产业收入占农民人均纯收入1/3强，甘泉农业初步走上了区域化布局、专业化生产、标准化种养、产业化经营的路子，形成了粮、菜、畜因地制宜、规模化发展的局面。

2002年，甘泉县在延安市率先实现了日光温室大棚"万棚县"目标。2003年，2万亩无公害蔬菜生产基地通过陕西省农业厅认定，是全省目前面积最大的无公害蔬菜生产基地县，7个品种的蔬菜被认定为无公害蔬菜。被陕西省科委确定为高效设施农业县。被陕西省委、省政府授予"一村一品"工作先进

县。2007年，甘泉被国家农业部确定为绿色食品蔬菜生产基地，黄瓜、番茄、茄子、辣椒、结球甘蓝、佛手瓜等6个品种的蔬菜被国家农业部绿色发展中心认证为绿色蔬菜。甘泉的桥镇无刺黄瓜、下寺湾番茄、高哨辣子、城关黄瓜、道镇"两瓜"（西甜瓜、佛手瓜）、东沟小番茄、石门茄子、劳山土鸡蛋、"两

豆"（红小豆、双青豆）等农产品知名品牌远近闻名，产品远销省内外，供不应求。

　　如今，甘泉人民已经站在推进跨越发展、构建和谐甘泉的新的历史起点上，肩负的使命伟大而神圣，面临的任务光荣而艰巨。他们有着自加压

力、自我超越，敢为人先、争创一流的气魄和时不我待、只争朝夕的精神，一个民富县强、和谐进步、绿色生态的实力甘泉正向我们走来！

美水润古城　绿海嵌明珠

　　甘泉有"美水之乡"的美誉，涓涓流淌的美水泉，千百年来，滋润着甘泉人民，也使伏陆山下的这座古城出脱得更加秀丽。

　　曾几何时，在古城墙内，土窑石窑杂乱无章，狭窄颠簸的街道两旁，一色的白墙灰瓦聊无生趣。弥漫的尘土中，官井巷传来拉水车夫的吆喝声，铁匠

　　巷窜出滚滚浓烟。俱往矣，旧城换新颜。在各级党委、政府的领导下，全县人民焕发出极大的创业热情，经济在腾飞，事业在发展，城市建设日新月异，每天都在发生可喜的变化。在规划总面积6.4平方公里的县城内，一切基础设施建设都在井然有序地进行。一座座办公楼、住宅楼如雨后春笋般拔地而起，昔

日的官井巷、铁匠巷、瓦窑沟等地，早已成为景色宜人的住宅小区。宽阔的主街道纵贯南北，商铺林立，宾馆饭店雄伟矗立。浓阴的行道树下，有如梭的车流、悠闲的行人。通过大力实施城市净化、美化、绿化、亮化工程，城区水、

甘泉县

241

电、环卫、网络通讯设施完善。巷道整修一新，从2004年以来，全县改造城区道路33条总长6.5公里。

近年来，甘泉县全力实施项目带动战略，先后完成了北关小区综合开发、中心街和环城路改造、城区主巷道改造；完成了城区绿化工程、城镇点亮工程、能源工程（天然气、沼气）、饮水工程、安居工程等事关甘泉长远发展的重点项目建设。目前，雨岔水库、二级客运站、体育中心、县医院医技综合楼、育英经济适用小区、县城污水处理厂等工程项目正在紧锣密鼓地建设之中。清晨的甘泉，和煦的阳光穿过树

林，广场上满是晨练的
人们。甘泉的空气质量
好，来源于良好的生态
环境。全县森林覆盖率
为54.8%，县城以南就有
国家级的森林公园。到如
今，全县已累计完成退耕还
林27.36万亩，县城绿化面
积达到195公顷，人均绿地面
积5.13平方米。目前又着手
建设县城环山森林公园和高
速公路出入口景观林，不断向
"打造陕北生态第一县"的目
标迈进。

　　夕阳西下，华灯初上，甘泉
县城流光溢彩，高楼、窑洞、古
城墙错落有致，相互辉映，显得
那样和谐。

美水广场

甘泉县

243

协调发展的社会事业

  甘泉县高度重视社会公共资源共享，树立社会公共资源向农村和基层倾斜的思想，加大农村社会事业建设力度，教育、卫生、医疗、文化等各项社会事业快速发展，城乡群众生活水平显著提高。

  教育工作成绩喜人。近年来，甘泉县按照"走创新之路，建教育强县"的总体思路，使教育事业得到了快速的发展。完成了中小学布局调整，实现了初高中办学分离。中学、小学入学率均达到100％，高中入学率达到98.2％，普及了高中教育。 财政出资将"两免一补"政策扩大到城市下岗职工、城乡享受最低生

活保障政策的贫困家庭子女，较好地解决了企业下岗职工和城乡困难群众子女普及九年义务教育和上高中难的问题。2006年，甘泉县顺利通过了省政府"双高普九"工作的达标验收，成为全省第一家"高水平、高质量普及九年义务教育"达标县。此外，甘泉县还建成远程教育三级网络互联，率先在全市达到天网、地网合一。

  甘泉县坚持以人为本，全力解决群众看病难题，医疗卫生顺利通过省级农村初保达标验收。基层卫生院全部进行了改扩建，建成标准化村级卫生室55

个，配齐了设备，建立了严格的医疗档案。积极推行新型农村合作医疗，社会保障体系不断完善，养老、失业、医疗、工伤、生育等五大保险体系覆盖面进一步扩大，使医疗保险延伸到了城镇居民，有效解决了群众看病难的问题。社会保障体系日趋完善，"两个确保"、"两个保证"和"城乡低保"得到全面落实。 计划生育基层网络体系不断健全，流动人口管理进一步规范，被陕西省委、省政府表彰命名为"省级计划生育优质服务先进县"。

科技工作蓬勃开展，2007年顺利通过全国科普示范县验收。全县以"科技之春"宣传月活动为契机，大力加强科普宣传、科技推广应用，积极组织科技小分队深入基层。

文化体育事业日益繁荣，群众文化生活丰富多彩。"甘泉莲花灯"和甘泉书画作为全县的"一艺一品"，已成为展示美水之乡的特色文化，舞蹈、戏

剧、小品多次在省市调演中获奖。竞技体育运动和群众健身运动蓬勃开展。

精神文明建设成效显著，社会各项事业健康发展。甘泉县1994年被命名为全省"拥军优属模范县"，1997年被省委、省政府命名为"精神文明建设先进县"，2007年被授予"省级文明县城"称号。

路路畅通 天堑变通途

　　如果把甘泉比喻为一片翠绿的桑叶，道路就是那清晰的叶脉。历史上，这里是烽火边城、雄关漫道，被胡虏视为畏途。如今，甘泉敞开胸怀，喜纳八方客商，宽阔的公路，雄伟的大桥，被人们发自内心地称为"致富路"、"连心桥"。

　　包西铁路、西延高速公路、210国道在这里穿境而过。境内道路密布，甘

志路、六府路、高速公路连接线等县乡道路形成县内交通大动脉。境内已基本实现了村村通油路，总里程达到440.74公里。2007年，已动工修建包西铁路复线。密织的城乡道路网络，兴旺的客货运线路，每日吸引来众多客商，甘泉出

产的蔬菜、畜禽、小杂粮等特色产品源源不断地运往各地。沿途优美的生态环境、丰富的历史遗迹，更使游客流连忘返。

优越的旅游环境

甘泉由于地理位置重要，属革命老区，文物古迹、革命旧址众多，旅游资源优势和区位优势得天独厚，具有较高的开发价值和较大的开发潜力。目前旅游产业开发突出了"红色资源、生态优势、区位优势、陕北黄土风情文化、特色农业"，突出了延安近郊休闲游和红色旅游两大主题，推出了一批农家乐、农家游、田园游。甘泉旅游业正逐步融入到延安的黄金旅游圈，成为延安旅游的重要组成部分。

甘泉在无公害蔬菜深加工、旅游资源开发等项目上具有得天独厚的优势。是一块充满活力、充满生机、充满投资机遇的开放开发热土。西部大开发这一世纪伟业,不仅给甘泉加快发展提供了千载难逢的机遇,也为更多的国内外投资者提供了极其广阔的发展空间。

宾馆住宿

[甘泉宾馆]

甘泉宾馆地处延安市以南30公里处，位于县城中心街，占地面积8000平方米，宾馆拥有各类客房96套，其中标准间84套，豪华套间12套，各类套房均设有国内、国际直拨电话、闭路电视系统、宽带网络配置、自动控制装置，房内设有空调、名牌家具、进口豪华洗浴设备及高级洗漱用具，全楼使用ADEL电子门锁，总台控制，自动电话计费。有大、中、小会议厅8个，一次性可容纳400余人会议厅一个，并配有先进的影像设备，设施豪华。另设有360人餐位的大餐厅一个，豪华包间14个，主营川、陕海鲜菜肴及陕北小吃，各具特色。宾馆有2000平方米的停车场，专人负责，让宾客满意放心。

甘泉宾馆的服务宗旨是"宾客至上，服务第一"，真诚欢迎下榻甘泉宾馆。

联系电话：0911—4518188

甘泉宾馆

[圣泉宾馆]

圣泉宾馆是甘泉圣泉贸易有限责任公司兴建的现代化饮食服务业。宾馆地处延安市以南30公里处的甘泉城北210国道边，环境幽雅、交通便利、设备齐全，并有占地面积3500平方米的大型停车场。宾馆内设有客房部、餐饮部、练歌房、棋牌娱乐休闲室，提供高质量的餐饮娱乐一条龙服务。

宾馆设有高、中、低档套房56套。其中标准间38套、三人标准间14套、豪华套房4套。每间套房都设有国内直拨电话、闭路电视、空调、名牌家具，洗漱设备齐全。另设有大小会议室，可以接待多种大中型会议。

同时，餐饮部内设有豪华包间、经济包间和零客散座。一次性可接待280人同时就餐，并设有可容纳近20人同时就餐的高级雅座两间。餐厅主营风味独特的川陕大菜，并有齐鲁淮粤之佳肴，以及生猛海鲜。

联系电话：0911—4226861

[雅和饭店]

雅和饭店位于甘泉县环城路，拥有20余间高、中档客房，可供200人同时就餐，大、中、小包间内设有线电视、空调、暖气、电话、沐浴等设施，24小时供应热水，是国内游客旅居、餐饮的最佳场所。有中、高、低档菜肴和小吃，交通便利。

"宾客至上，热情服务"是雅和饭店的宗旨。

联系电话：0911—4222974

兴银宾馆

圣泉宾馆

石油宾馆

延安全景

甘泉县

253

瑞雪

编 后 记

魏 龙

在《全景延安》编委会全体同仁的共同努力下，历时一年九个月的编纂，《全景延安》系列丛书终于付梓。

丛书得到了延安市各级领导和各有关单位的积极支持与帮助。丛书筹备初期，中共延安市委宣传部曹振乾同志组织了延安市的专家、学者们对编辑策划方案进行研究，对编辑工作提出了极其宝贵的意见和建议。在资料采编过程中，延安市文联张永革老师和安塞县摄影协会延特伟老师为丛书奉献了4500余幅摄影作品。丛书执行主编王拥军和摄影师李朝阳在第一次资料采编和实景拍摄的50多天时间里，跑遍了延安市的各县、区。丛书插图除由上述几位摄影师拍摄，其余部分均由丛书各分册的编审协调提供，由于图片资料来源复杂，未能一一署名，在此衷心感谢他们的支持与理解，对未能署名的单位与个人，深表歉意。

丛书稿件完成后，延安市各县、区领导积极组织人员，在文字润色勘校和图片使用上给予了很大的指导和帮助。丛书规模宏大，文字、图片与编辑、排版上如有纰漏之处，希望热心读者不吝指正。烦请联系朝华出版社编辑部，再版时一定进行更正。

朝华出版社为丛书的出版付出了大量的人力物力，使出版得以顺利进行，我们坚信，此丛书将在中国出版史上留下亮丽的一笔。

丁亥年于北京

特 别 鸣 谢 （排序不分先后）

延安市委、市政府
延安市政协
延安大学
延安市委宣传部
延安市文联
延安市委政策研究室
延安市文化艺术中心
延安市广播电视局
延安文学杂志社
延安电视台
延安日报
宝塔区委、区政府
宝塔区委宣传部
宝塔区文联
宝塔区档案局
延川县委、县政府
延川县委宣传部
延川县文化局
延川县志办
子长县委、县政府
子长县委宣传部
子长县广播电视局
子长县文体事业局
子长县档案局
子长县文化馆
子长县钟山石窟博物馆
延长县委、县政府
延长县委宣传部
延长县委组织部
延长县档案局
延长县文化局
延长县政协
延长县摄影协会
安塞县委、县政府
安塞县委宣传部
安塞县志办
安塞县文化局
安塞县摄影家协会
吴起县委、县政府
吴起县委宣传部
吴起县档案局

吴起县文化局
吴起县文化馆
吴起县广播电视局
志丹县委、县政府
志丹县委宣传部
志丹县文化馆
志丹县志办
甘泉县委、县政府
甘泉县委组织部
甘泉县委宣传部
甘泉县文联
甘泉县档案局
甘泉县文化馆
甘泉县博物馆
富县县委、县政府
富县县委宣传部
富县文联
富县文化馆
富县档案局
洛川县委、县政府
洛川县委宣传部
洛川县档案局
洛川县政法委
洛川县文化馆
宜川县委、县政府
宜川县委宣传部
宜川县文联
宜川县旅游局
黄陵县委、县政府
黄陵县委宣传部
黄陵县文联
黄陵县志办
黄陵县旅游局
黄陵县文化馆
黄龙县委、县政府
黄龙县委宣传部
黄龙县文体事业局
黄龙县文化馆
黄龙县博物馆
黄龙县广播电视局
陕北在线网
北京延安文化展示中心

美水之乡——甘泉县

顾　　　问	刘志坚　任小林
主　　　任	魏　龙
副　主　任	李满套　刘宝平　曹林虎　高　勇　樊青春　滕　云
主　　　编	王宝莹
副　主　编	刘虎林　王永岗　张湛武
执 行 主 编	王拥军
编　　　委	王永岗　张湛武　魏　龙　杨宝钧　上官永祥
	李兴隆　刘虎林　亢生明　崔风光　王拥军
编　　　审	刘虎林　王永岗　张湛武
首 席 摄 影	李朝阳
摄　　　影	艾　生　延特伟　南　洋　刘虎林　王永岗　张湛武
图 文 提 供	刘虎林　王永岗　张湛武
美 术 总 监	霍廷霄
美 术 编 辑	黄元琴　张书耀　洪毳毳
装 帧 设 计	野羊工作室
法 律 顾 问	师安宁

◎本书著作权、版式和装帧设计受国际版权公约和中华人民共和国著作权法保护；

◎本书的任何部分不得以图片、声像、电子、影印、缩拍、录音或其他任何手段进行复制和转载；

◎除非在一些重要的评论及文章中作简单的摘引,违者必究。